"高水平对外开放理论与实践研究"丛书

主 编 赵蓓文
副主编 胡晓鹏

全球视野下中国平台经济发展报告

◎ 胡晓鹏 等著

上海社会科学院出版社
SHANGHAI ACADEMY OF SOCIAL SCIENCES PRESS

"高水平对外开放理论与实践研究"丛书
编委会名录

主　编
赵蓓文

副主编
胡晓鹏

顾　问
张幼文　徐明棋

编委（以姓氏笔画为序）
王　莹　孙立行　苏　宁　沈玉良
高洪民　黄烨菁　彭　羽

目 录

引论 ………………………………………………………………… 1

第一章 异军崛起：近年来全球平台经济发展的新态势 ………… 4
 一、全球平台经济发展新特征 ………………………………… 4
 二、我国平台经济发展新形势 ………………………………… 10
 三、平台经济的发展困境 ……………………………………… 18
 四、平台经济的模式创新 ……………………………………… 25

第二章 运行逻辑：平台经济的理论分析 ……………………… 33
 一、提出问题："免费盈利"模式的理论价值与实践意义 …… 33
 二、实践的困惑："免费盈利"模式的迭代演化与解释困境 … 35
 三、以服务换流量：免费服务实现盈利的内在逻辑 ………… 39
 四、数据与流量驱动的有效供给：零价市场的资源配置原理 … 46

第三章 流量时代：铺天盖地的电商零售平台 ………………… 53
 一、按交易对象分类 …………………………………………… 53
 二、按运营模式分类 …………………………………………… 63
 三、按实践模式分类 …………………………………………… 69

第四章 存量角逐：花样翻新的社交零售平台 ………………… 77
 一、社交零售平台的发展概况 ………………………………… 77
 二、社交零售平台的特点和优势 ……………………………… 85
 三、社交零售平台的发展困境 ………………………………… 93
 四、社交零售平台的发展趋势 ………………………………… 96

第五章　虚实相生：奋起直追的实体线上平台 ········ 102
一、实体线上平台的发展情况 ········ 102
二、实体线上平台的发展特点 ········ 111
三、实体线上平台的发展困境 ········ 118
四、实体线上平台的发展趋向 ········ 123

第六章　拾遗补阙：引人瞩目的在线拍卖平台 ········ 129
一、蓬勃兴起的在线拍卖 ········ 129
二、引人瞩目的在线拍卖平台 ········ 139
三、中、美两国在线拍卖市场的比较 ········ 145
四、我国在线拍卖平台发展存在的问题 ········ 147
五、实现在线拍卖平台持续健康发展的对策建议 ········ 149

第七章　路在何方：平台经济的演化方向与发展策略 ········ 153
一、我国平台经济的发展特点 ········ 153
二、我国平台经济发展的主要优势 ········ 155
三、平台经济的发展与演化方向 ········ 159
四、促进平台经济发展的主要策略 ········ 164

参考文献 ········ 174
后记 ········ 181

引　论

　　中共二十大高度重视并充分肯定发展数字经济的重大意义。平台企业作为数字经济发展的关键载体，对做强做优做大数字经济至关重要。然而，数字时代的平台企业不仅仅是传统意义上的微观经济主体，它兼具市场交易竞争主体与市场规则设计主体的双重属性。平台身份的多重属性在日益增强平台企业创新动能的同时，也不断拓展着平台企业的权力边界。实践中，平台企业追求利润扩张的商业模式创新日益朝着"资本驱动流量主导权""大数据垄断控制权"方向迈进，并初步表现出"供应链体系领导权"特征，甚至开始具有"国民经济安全话语权"倾向。若不进行规范化管理和更具针对性的治理，可能会出现创新越大危害就越大的情况。因此，本书聚焦平台经济治理方式与治理内容的兼容性问题，通过系统梳理各类平台企业发展状况，试图厘清平台经济商业模式创新特征，为促进平台经济创新发展提供相应的规制思路。

　　全书共包括7章：

　　第一章全面概括和分析了近年来全球平台经济发展的新态势。本章认为，平台并非始于互联网时代，古老的集市、现代的商超等都属于平台。这些传统的平台往往拥有特定的物理空间、固定的场所设施。随着数字技术、信息科学技术、人工智能（AI）技术的快速发展，平台经济在科技革命与时代发展大潮中迅猛发展。当代平台经济形成以互联网为主要载体，以数据为关键生产要素，以新一代信息技术为核心驱动力，以网络信息基础设施为重要支撑，它是集全球化、数字化、系统化为一体的新兴经济系统，在优化资源配置、提质降本增效、激发技术创新、拓展消费市场、增加民众就业、改善民众生活、驱动产业升级等方面都发挥着举足轻重的作用。

　　第二章从资源配置视角对平台经济进行了理论分析，研究重点聚焦平台企业"免费盈利"性质，通过研究其发展演变过程，发现"以服务换流量，再通过流量资源获利"是平台企业通过服务升级、版本分层、跨界协同等模式实现免费盈利的共性逻辑，且平台企业技术服务市场的稀缺资源配置是由用户数据驱动，相较于传统市场价格机制，以需求为中心的供给优化已取代以价格为中心的供需相互调整,这是一种更为高效的资源配置方式。政府部门应当规范平台企业流量竞争行为,建立健全数据交易市场体系,充分释放数字经济领域资源配置的效率潜力。

第三章聚焦电商零售平台,按照电商平台的不同分类进行了研究。本章认为,"互联网＋零售"是网络电子商务平台运营的核心内容。按其交易对象,电商平台可以分为企业对消费者(B2C)、消费者对消费者(C2C)、线上到线下(O2O)三大类别;按其运营模式,可以分为平台型、自营型、混合型三大类别。随着零售市场竞争加剧,各类电商平台运营模式的边界日益弱化。目前,国内的电商平台主要有三类典型的实践模式,分别为:综合型电商平台、垂直型电商平台和本地生活型电商平台。本章通过对三类典型商业模式的系统梳理发现,当前电商平台的模式创新是各类运营模式相互借鉴的结果,平台企业以交易双方的现实需求为出发点,最终结合实际情况形成独具特色的商业模式。

第四章全面考察了社交零售平台的发展情况。本章认为,互联网的快速发展改变了人们的社交方式,微信、微博及小红书等互联网社交平台逐步成为人们构建社交网络的重要渠道,社交网络已成为零售电商转型的重要载体之一。在此背景下,本章在明晰社交零售平台的定义与发展阶段的基础上,全面总结了社交零售平台的主要特点,并对社交零售平台发展所面临的主要困境及其未来发展趋势进行展望。

第五章聚焦实体线上平台。实体线上平台最突出的特性在于其同时拥有实体门店和线上平台,通过两种渠道的相互结合取长补短,增强其获取市场份额的能力。本章对实体线上平台的发展情况进行了概括和分析,总结其发展过程中展现出的优势、特点,及其在外部竞争与内部经营等方面面临的实际困难,最后根据其优势和困难指出其未来可能的发展趋向。

第六章详细考察了新兴的在线拍卖平台。在线拍卖市场在中国经历了一个从无到有、从小到大的发展壮大过程。在线拍卖平台作为重要的市场组织者与机制设计者在本领域发展中发挥了非常重要的作用。本章详细介绍了中国在线拍卖平台的发展历程、主要类型与运行模式,勾勒出当前中国在线拍卖平台的竞争格局,并通过与发达国家在线拍卖平台的横向比较,指出中国在线拍卖平台创新发展中存在的主要问题。面对日益激烈的平台竞争与迅速迭代的技术创新,平台企业只有加快完善平台治理体系、创新平台机制设计,才能有效提高平台的资源配置能力,在多方共赢中实现自身的可持续发展。

　　第七章是全书的总结和展望,探讨了平台经济的演化方向与发展策略。在中国,平台经济经过多年快速发展,已经进入了一个新的发展阶段,即从规模扩张转向质量提升。该章介绍了平台经济的运行特点,包括消费群体和结构不断提升、消费范围内容更加多样化、线上线下全面互动等,同时分析了中国平台经济在技术驱动、金融支撑、市场规模、政策引导等方面的独特优势。基于这种发展状况,本章提出了平台经济未来发展的方向,包括技术创新与平台迭代深度互动、平台生态化服务化特点更趋明显、服务个性化定制化、市场国际化、监管与安全体系更为完备等。最后,为了实现平台经济的健康可持续发展,本章还提出了一系列综合推进策略,涉及用户导向、营销模式、品牌塑造、技术创新、人才培养等多个方面,并针对电商、社交零售、实体线上平台、在线拍卖等重点领域提出了有针对性的推进策略,以构建一条清晰的平台经济新发展路径。

　　总的来说,面对蓬勃兴起的平台经济及其各类模式创新,我们要加大对发展实践的关注并及时采取有效应对措施,既要把促进平台经济高质量发展作为一项战略任务来抓,重点协调好政府规制和市场激励、商业模式创新和实体经济联动、企业盈利和行业功能等关系,彻底改变"过度追逐流量"的发展困局;又要把发展平台经济作为扭转内需不振、外需疲弱、制造低效、服务无力等问题的手段,发挥在线平台更好服务中国宏观经济转型和高质量发展的作用。

第一章
异军崛起：近年来全球平台经济发展的新态势

当前，全球平台经济发展的广度、深度、速度不断提升，成为大国竞相布局的新赛道、竞相争夺的新制高点。全球平台经济呈现出新特征，我国平台经济展现出新形势和新模式，同时也面临着诸多新困境与新挑战。

一、全球平台经济发展新特征

近年来，全球经历了俄乌冲突、能源战争等多重冲击，世界经济面临着巨大的不确定性、不稳定性，经济增长明显放缓。相比之下，随着新一轮科技革命和产业变革的深入发展，平台经济却呈现逆势增长的态势，成为推动全球经济复苏的"新生力量"。

（一）平台经济逆势增长且高度集聚

全球平台企业的数量增长迅速，不同的企业都有一定程度的规模扩张，全球平台经济展现出强大的经济活力、巨大的经济韧性。根据中国信息通信研究院发布的数据，截至 2023 年底，全球市场价值超 100 亿美元的数字平台企业共有 59 家，价值总额也由 2019 年的 7.93 万亿美元增长至 2023 年的 12.9 万亿美元，年平均增长率超过 15%，前 5 家头部企业对总体增长的贡献率达 102%。平台经济在经济社会发展中的地位更加突出，成为全球经济增长的重要引擎。

根据全球平台调查（Global Platform Survey）选取的全球具有代表性的 176 个平台企业调查结果显示，全球平台企业空间分布高度集聚。在区域分布上，平台企业数量与价值水平的空间差异大。亚洲以 82 个平台企业的数量遥遥领先，紧随其后的是北美洲，拥有 64 个平台企业（表 1-1）。虽然亚洲拥有平台企业的数量领先，但总价值却远低于北美洲。北美洲平台企业的总价值占比高达 72%，是亚洲（22%）的 3 倍之多。诞生于欧洲的平台企业相对较少,占比约为15％,其市场价值仅占4％左右。虽然,南美洲近几年涌现出一些平台,但多为小规模平台。在国别分布上,平台企业高度集聚在中、美,两国引领格局依旧不变。中国拥有64家平台公司,在亚洲远远领先于第二位印度的8家。北美洲的平台公司主要在美国,达到63家。欧洲有27家平台公司,分布在10个国家,其中英国拥有9家,德国有5家。拉丁美洲的2家平台公司分别位于阿根廷和巴西。非洲只有南非拥有1家平台企业。在城市分布上,平台企业高度集聚在旧金山湾区、北京、上海这三大城市。旧金山湾区拥有美国63家平台企业中的44家,北京和上海拥有中国64家平台企业中的45家。

表1-1 各地区平台企业发展现状

	平台企业数 (个)	平台企业价值 (亿美元)	平台企业从业人数 (百万人)
亚洲	82	930	352
北美洲	64	3 123	820
欧洲	27	181	109
非洲和拉美	3	69	27

• 资料来源:Global Platform Survey。

平台经济的市值高度集聚在少数头部企业。2022年,全球上市公司市值前十的榜单上,平台企业占据一半(表1-2)。其中,苹果、微软、ALPHABET(谷歌母公司)、亚马逊、META(脸书母公司)这五家公司市值占比高达63％。近年来,这些企业一直稳居前十。在大的平台公司中,除阿里巴巴被反垄断立案后市值受到影响而大幅缩水外,其余平台在2022年均实现了快速发展。值得关注的是,前十家平台公司完全被美国垄断。而在全球市值前十的上市公司中,除沙特阿美和台积电之外,其余全是美国公司。并且,头部平台差距也在扩大,第一位苹果公司的市值是第十位台积电市值的近六倍。

表1-2 2022年全球市值前十的上市公司

	类型	市值(亿美元)
苹果	平台公司	28 500
微软	平台公司	23 110
沙特阿美	石油生产公司	22 980
ALPHABET	平台公司	18 420

续表

类型		市值(亿美元)
亚马逊	平台公司	16 590
特斯拉	汽车生产公司	11 140
伯克希尔	保险公司	7 800
英伟达	设备制造公司	6 850
META	平台公司	6 050
台积电	设备制造公司	5 410

• 资料来源：普华永道会计师事务所。

（二）线下活动加速向线上平台转移

2020年以来，生活服务电商、在线教育、在线医疗等需求大增，其中不乏一大批被迫转移的新用户。人们的消费需求和消费习惯发生巨大改变，对互联网的依赖进一步加强，线上业务得到快速发展，购物、娱乐、医疗、教育、办公等活动加速向线上转移。

电商平台成为最大获益方。2021年，全球市场价值超100亿美元的电子商务平台企业在较大体量的基础上，仍然实现了72.7%市值增速，全球市场价值超100亿美元的电商平台企业多达18家，其中有5家是新进平台。2022年全球电商销售额达到4.2万亿美元，同比增长16%。其中，亚洲地区电商市场增长最为迅猛，占比超过50%。亚马逊、阿里巴巴、京东等巨头企业凭借强大的品牌影响力和市场份额持续领跑。同时，一些地区性和垂直领域的电商平台也在逐渐崭露头角。全球电商平台发展呈现出移动化、社交化、智能化的发展趋势。随着智能手机的普及和移动互联网的发展，移动端成为电商平台的重要入口。各大电商平台纷纷推出移动应用，优化用户体验，提高用户黏性。社交电商也成为近年来平台经济发展的一大趋势。通过社交媒体平台，电商平台可以更好地触达用户，实现精准营销。同时，社交电商也为用户提供了更加便捷、有趣的购物体验。随着人工智能、大数据等技术在电商平台的应用日益广泛，电商平台可以更好地理解用户需求，提高推荐准确性，提升用户满意度。

在线医疗发展出现井喷期。智能手机和移动设备的普及，数字化转型的推动，使得在线医疗变得更加便捷和可行，患者不再受限于地理位置和时间的限制，可以随时随地与医生进行在线咨询和诊断。这不仅提高了患者的医疗体验,还能减少因交通拥堵和排队等问题造成的时间浪费。2021年,全球市场价值超100亿美元的医疗健康平台企业的市值增速最快,高达716%。全球医疗健康产业共发生3 591起融资事件,同比增长高达63.52%。智慧医疗成为投资焦点。全球"AI+医疗健康"赛道的初创公司通过505笔融资交易完成了122亿美元的融资,较2020年融资金额近乎翻了一番。根据相关统计,截至2022年,全球在线医疗市场价值已经超过300亿美元,预计在未来几年内将继续保持高速增长。特别是,近年来,中国远程医疗高速发展,为在线医疗市场的发展提供了强大推动力。患者通过视频会议和远程监测技术,与医生进行线上的实时交流,获取专业的医疗建议和治疗方案。中国在线医疗用户规模从2020年12月的2 150万人增长至2021年6月的2 390万人,半年即增长了200多万人。在线医疗使用率从21.75%提升至23.70%。

  在线教育发展迎来黄金期。在线教育,是以网络为介质的教学方式。通过网络,学员与教师即使相隔万里也可以开展教学活动,或者借助网络的课件,学员可以随时随地进行学习。在传统的教育模式下,由于地域和经济的差异,很多人无法享受到优质的教育资源。在线教育打破了时间和空间的限制,用户可以在任何时间、任何地点进行学习。而且,在线教育平台可以根据每个用户的学习情况和需求提供个性化的学习方案和课程。这有助于提高用户的学习效果,满足不同用户的需求,使得优质的教育资源得以共享。近年来,全球在线教育的市场规模不断扩大。根据商业研究公司(The Business Research Company)发布的《2022—2026年全球智慧教育市场报告》,2021年,全球市场价值超100亿美元的在线教育平台企业的市值增速达146%。2022年,全球在线教育市场规模为1 414.3亿美元,预计2026年将达到2 639.4亿美元,年增长率约为16.8%。全球在线教育的用户规模也在持续增加。随着互联网的普及和在线教育平台的不断涌现,越来越多的用户开始选择在线教育。根据统计数据,全球在线教育用户数量已经超过1亿,而且这个数字还在不断增长。未来,随着生成式人工智能的不断发展,个性化学习将会得到进一步发展。在线教育平台将利用人工智能技术对用户的学习行为和兴趣进行分析,为用户提供更加精准的学习推荐和课程定制服务。

(三) 平台经济领域更多、生态更优

平台经济初期更多聚焦于商业、社交等资源配置不合理领域,针对传统领域供需匹配不畅、交易成本高等痛点而产生。随着平台经济进一步发展,平台经济的网络效应进一步释放,更多现实场景被搬上互联网平台,产品交易、能力交易和价值交易逐渐成为平台经济的主流。如平台经济最初的一体化电商,包括为大家所熟知的一体化电商京东、淘宝等;垂直电商,包括小红书、亚马逊、阿里巴巴等;以及各种定制平台和交易平台等。它们在商品交易、支付结算、物流配送等方面的作用得到凸显。如今,快速发展的在线教育、在线医疗、共享经济、数字金融等领域,包括京东医疗、好大夫等,在线服务功能不断提升。平台企业还延伸至工业互联网领域,实现了设备连接、数据收集、分析处理等功能,极大地提高了工业生产效率和质量。平台企业也从本身核心业务出发,或为巩固核心业务优势地位,或为增加用户黏性,倾向于引入更加多元化、更加多样性的应用场景。例如,将社交、直播引入购物环节,从卖产品到提供服务等(表1-3)。

表1-3 按领域划分的互联网平台及其相关企业

产品交易			
一体化电商	京东、淘宝	垂直电商	红酒、生鲜等交易平台
各种定制平台	西服、鞋子、工艺品等定做网站	各种交易平台	农产品、电力、知识产权等交易平台
服务交易			
交通	滴滴、优步(Uber)	在线游戏平台	蒸汽平台(Steam)
医疗卫生	好大夫	房产信息	链家、爱彼迎(Airbnb)
互联网金融	平安普惠、蚂蚁金服	旅游	携程、去哪儿
劳动和专业服务	猪八戒网	综合生活信息	58同城
社交	微信、微博	创意平台	即时设计
搜索	百度、谷歌	社区服务	e袋洗
婚恋交友	世纪佳缘	工业互联网	卡奥斯(COSMOPlat)
政府服务	上海市民云	广告	分众传媒
短视频分享平台	抖音、快手	知识分享平台	得到
教育	慕课网	直播平台	虎牙
在线出版	纵横起点网	其他服务	家装、招聘、点评等交易平台

• 资料来源:周毅《全球平台经济的发展、问题与建议》,《发展研究》2019年第10期。

平台经济通过协调企业、产业链上下游合作伙伴、政府机构和社会多元主体、多方力量,不断创新和完善产业生态,为经济社会发展注入新的活力,推动经济的持续健康发展。这对经济发展带来以下几方面的优势:一是平台企业整合产业链上下游资源,形成了紧密的生态系统。这种整合提高了生产效率和质量,降低成本,增强整个产业链的竞争力。与供应商、生产商、物流商等合作伙伴的深度合作,实现了资源共享和优势互补,从而推动整个产业协同发展。二是平台企业注重创新驱动,投入研发和技术创新来推动产业升级和转型。平台企业与科研机构、高校等合作,共同研发新技术、新产品和新服务,不断扩展产业链的价值空间。这种创新驱动的发展模式增强了整个产业的竞争力,推动经济的持续发展。三是平台经济推动企业向服务化转型,即从单纯的产品销售转向提供解决方案和服务。通过深入了解消费者需求和市场趋势,平台企业可以为消费者提供个性化的解决方案和服务,从而增强消费者黏性和忠诚度。这种服务化转型提高了企业的附加值和利润水平,推动了整个产业的转型和升级。四是平台经济推广环保、节能、低碳的生产方式和服务模式,推动产业的绿色化转型,通过与供应商合作推广环保材料和产品,优化物流配送和包装等环节,降低对环境的影响。平台企业通过宣传和教育引导消费者形成绿色消费观念和行为习惯,共同推动产业的绿色可持续发展。五是平台企业与其他产业合作开发的新产品和服务,能满足消费者多元化的需求,跨界合作探索新的商业模式和盈利模式,实现产业的互利共赢和协同发展。

(四)平台企业占独角兽"半壁江山"

"独角兽"概念由美国投资人首次提出,指的是成立时间不超过 10 年、估值超过 10 亿美元的新生态公司。"独角兽"企业不仅引领着产业发展的技术趋势,更是新经济活力的最佳体现。"独角兽"企业的发展,往往不局限于自身的成长,它能拉动上下游相关产业的发展和融合,提供更多就业机会。近年来,平台独角兽企业深受资本追捧。根据胡润研究院发布的《2022 年中全球独角兽榜》报告,全球独角兽企业达到 1 312 家。金融科技平台是全球独角兽的主要领域,有 168 家(比上年增加了 29 家);其次是电子商务 127 家(比上年增加了 5 家),软件服务 127 家(比上年减少 7 家)。全球独角兽企业前 10 中(表 1-4),有 8 家独角兽企业是平台企业,包括抖音、蚂蚁集团、条纹支付平台(Stripe)、希音(Shein)、币安、微众银行、京东科技、结账网(Checkout.com)。

表 1-4　2022 年中全球独角兽榜前十名企业

排名	企业	价值（亿元人民币）	总部	行业	成立年份
1	抖音	13 400	北京	社交媒体平台	2012
2	SpaceX	8 400	洛杉矶	航天	2002
3	蚂蚁集团	8 000	杭州	金融科技平台	2014
4	条纹支付(Stripe)	4 100	旧金山	支付平台	2010
5	希音(Shein)	4 000	广州	跨境电商平台	2012
6	币安	3 000	马耳他	加密货币交易平台	2017
7	数据砖(Databricks)	2 500	旧金山	大数据与人工智能	2013
8	微众银行	2 200	深圳	金融科技平台	2014
9	京东科技	2 000	北京	金融科技平台	2013
10	结账网(Checkout.com)	1 900	伦敦	支付平台	2012

• 资料来源：胡润研究院发布的《2022 年中全球独角兽榜》。

二、我国平台经济发展新形势

平台经济是我国数字经济的重要组成部分，平台企业是互联网经济的重要主体。我国平台经济体量庞大、业态丰富，位居世界第二。全球超 100 亿的平台企业中，美国占比 71.5%，中国占比 24.8%。全球前十大平台企业被中美包揽，美国 8 家，中国 2 家。近年来，我国平台经济发展、平台企业成长更迅速。从促进国产高性能 AI 芯片研发和商业化，到我国电商平台为"中国制造""中国品牌"在海外开疆拓土，再到为两亿多灵活就业人员提供就业机会，平台经济在推动高质量发展中发挥了重要作用。

（一）平台经济为经济增长提供新引擎

我国数字经济的整体规模快速扩张（图 1-1）。2021 年，数字经济规模达到 45.5 万亿元，同比名义增长 16.1%，高于 GDP 名义增速 3.4 个百分点，占 GDP 比重达到 39.8%。2022 年，我国数字经济的规模达到 51.9 万亿元，占 GDP 的比重达到了 42.88%。数字经济增速达 14.07%，显著高于同期 GDP 的平均增速，数字经济已经成为支撑经济高质量发展的关键力量。根据相关部门预测，2025 年，我国数字经济规模将突破 60 万亿元，占 GDP 比重将超过 50%。

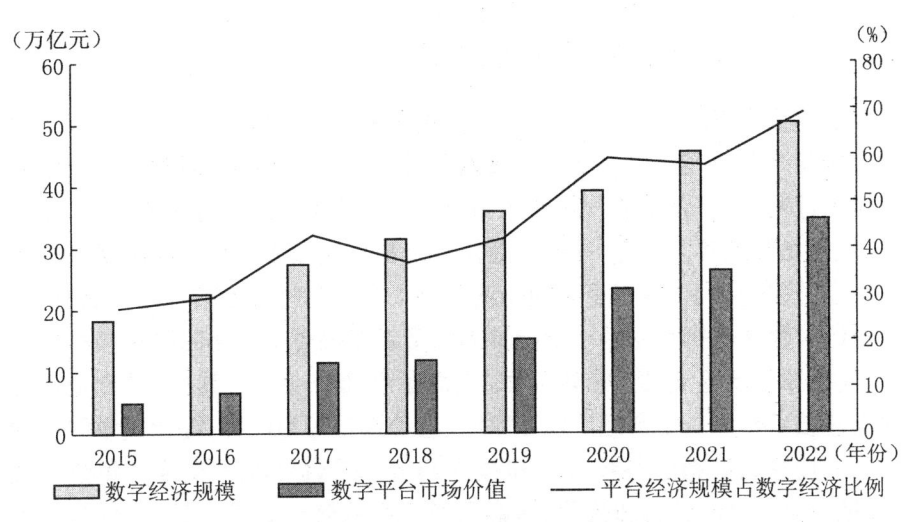

图 1-1　2015—2022 年我国数字经济发展情况

• 资料来源：中国信息通信研究院。

我国数字平台的市场价值大幅上涨。2015 年,数字平台市场价值仅 4.97 万亿元,还没突破 10 万亿大关。而 2022 年,我国数字平台市场价值已上涨至 33.43 万亿元,8 年时间增长了近 30 万亿元,年均复合增长率高达 32.92%。这是在国际格局和形势发生剧烈动荡和变化,经济发展遇到多重超预期因素冲击下,平台经济取得的卓越成绩。目前,我国平台经济依旧展现出强大韧性,持续向做强、做优、做大的目标迈进。

我国高价值平台企业数量不断增加。2021 年,我国价值超 10 亿美元的数字平台企业达 197 家,比 2015 年新增了 133 家,平均以每年新增超 26 家的速度快速扩张。截至 2022 年底,我国价值超 10 亿美元的数字平台企业继续增加,达 254 家,一年时间增加了 47 家。

我国平台经济促进线上线下融合持续推进。在网络零售领域,2021 年我国网上零售额达 13.1 万亿元,同比增长 14.1%,其中实物商品网上零售额达 10.8 万亿元,同比增长 12.0%。在社交电商领域,2021 年重点建成电商平台累计直播场次超 2 400 万场,累计观看超 1 200 亿人次,直播商品数量超 5 000 万个,活跃主播数量超 55 万人。在网络支付领域,2021 年我国完成移动支付业务 1 512.28 亿笔,金额 526.98 万亿元,同比分别增长 22.73% 和 21.94%。截至 2021 年底,网上外卖、在线办公、在线医疗、网络视频等领域用户规模分别达 5.44 亿、4.69 亿、2.98 亿和 9.75 亿人。

（二）平台经济为创新发展提供新载体

企业是创新的主体，技术创新是企业突破发展瓶颈、提升核心竞争力的重要途径。在持续以高强度研发投入和前瞻性研发布局抢抓数字经济发展机遇的过程中，平台企业积累了大量数字化工具和技术，拥有低成本、小型化、轻量化等优势。首先，平台企业能够降低创新成本。平台经济通过将传统交易转移到线上，吸引更多的企业和个人参与到科技创新中来。而且，平台经济的数据分析和挖掘功能能够为消费者提供更个性化的服务和产品推荐，使科技创新更加贴近市场需求，提高了创新成功率。其次，平台企业能够加速技术推广。平台经济以互联网、移动设备等为媒介，能让更多的企业和个人接触到最新的科技成果和技术趋势。平台可以开放接口和数据共享，推动供应链的整合和优化，提高科技成果的转化效率。最后，平台企业能够促进产学研合作。平台经济的开放接口和数据共享，促进高校、科研机构和企业更好地协同创新。平台也通过提供虚拟实验室、在线教育等资源，为科技创新提供更多的支持。

近年来，我国平台企业逐步加大技术创新投入力度。在研发投入规模方面，相关数据显示，2020年至2022年的3年间，我国市值排名前10位的平台企业累计研发投入超5 000亿元。2023年第一季度，我国市值排名前10位的平台企业通过自主投资或子公司投资等方式加大投资力度，在芯片、自动驾驶、新能源、农业等领域投资占比不断提高，环比提升了15.6个百分点。在研发投入领域方面，平台企业加强技术创新应用，从助力国产高性能AI芯片研发和商业化，到投资支持成熟制程特色工艺、晶圆级封装测试等业务发展，再到自主研发的无人配送车，相关技术指标达到国际领先水平，在增强自身市场竞争力的同时，也推动了高水平科技自立自强，促进了实体经济提质增效。在专利数量方面，腾讯等我国平台企业在下一代互联网技术布局上已处于全球领先地位。据中国知识产权研究会统计数据，过去10年，在云计算与大数据服务、人工智能软件开发、互联网安全服务等技术领域的中国发明授权专利数量，腾讯排名行业第一。全球专利权威检索机构公开数据显示，在人工智能领域，腾讯过去5年专利申请数量为10 630项，位居全球互联网行业榜首。

腾讯公司是一家以社交媒体起家的互联网企业，其成功的关键在于其通过社交媒体平台，聚集了大量用户数据。这些数据不仅为腾讯公司提供了丰富的用户画像信息，还为其他企业和个人提供了重要的数据支持。此外,腾讯公司还为科技创新提供支持。2018年,腾讯持续投资了上海燧原科技有限公司,加强人工智能领域云端算力平台产品和服务等核心业务发展,促进国产高性能AI芯片研发和商业化落地,产品应用于云数据中心、超算中心、泛互联网及智慧城市等人工智能应用场景,为行业提供了更多自主可控的产品和服务选择。

美团作为一个以外卖为核心业务的公司,一直注重科技创新,通过投入大量研发资源,开发了一系列先进的技术和产品,包括智能调度系统、无人配送、语音识别等。这些技术的应用不仅提高了美团的服务质量和效率,还为整个行业的科技创新提供了有力支持。美团还投资支持了荣芯半导体（宁波）有限公司,加强成熟制程特色工艺12寸晶圆制造、晶圆级封装测试等主营业务发展,开展图像传感器、显示驱动等主要产品研发,为其无人机、自动配送车、数据中心等业务提供底层支撑。

（三）平台经济为劳动就业提供新空间

平台是海绵,就业是活水。在全国上下千方百计"稳就业"的当下,平台经济成为创造更多活水、吸纳就业人才的巨型海绵。平台经济的融合性、创造性、机动性,推动就业打破了时间空间的局限,越来越多的劳动者从固定工作转向灵活就业、从单一职业转变为多元就业,极大解放了生产力。

首先,平台经济提供了新的就业机会。无论是外卖骑手、网约车司机等劳动密集型岗位,还是在线教育、创意策划等知识密集型岗位,都为不同文化程度、技能水平的劳动者提供了相应的就业机会。平台经济不仅吸纳了大量的直接就业者,还带动了相关产业的发展,创造了更多的间接就业机会。据统计,平台企业在2021年为超过27%的工龄人口创造了超过2.4亿个就业机会。其中,仅微信生态就衍生了3 684万个就业机会,2021年美团骑手有527万人,阿里巴巴生态系统创造了近7 000万个直接和间接就业机会。这些工作有56.8%是由35岁以下的人完成的,表明年轻人已经成为平台经济的主要力量。

其次,平台经济创造了多元化的就业形式。平台经济发展催生了新的就业形态,改变了传统雇佣关系和就业模式,衍生了大量的新型社会分工方式,引发劳动关系多元化发展。在平台经济模式下,就业不再受地点、时间的限制,劳动者可以根据自己的需求和时间灵活选择工作。平台经济带来了丰富的岗位,如快递、家政服务、网络主播、数据挖掘、运营维护等,这些新岗位为劳动者提供了更多的选择和机会。平台经济通过提供灵活的工作安排,成为许多人补充收入的重要渠道。如共享出行、电子商务等平台经济模式,不仅为专业司机、零售商提供了兼职的工作机会,也为没有固定职业的人群提供了灵活的就业选择。

再次,平台经济吸纳了大量再就业劳动力。近年全球经济增速放缓,陷入历史低点,这不仅减少了企业的生产和招聘需求,还导致了全球劳动力市场的不稳定。平台经济成为吸纳失业人群的重要载体。以滴滴出行的专职司机为例,2021年有20.4%的专职司机来自其他行业,其中,制造业占41.1%,交通运输业占13.6%,钢铁、煤炭等行业占3.9%(图1-2)。2020年以来,美团骑手工作吸纳了大量的第二和第三产业从业人员,2021年,工厂工人占35.2%,创业或自己做小生意的人员占31.4%,办公室职员占17.8%(图1-3)。

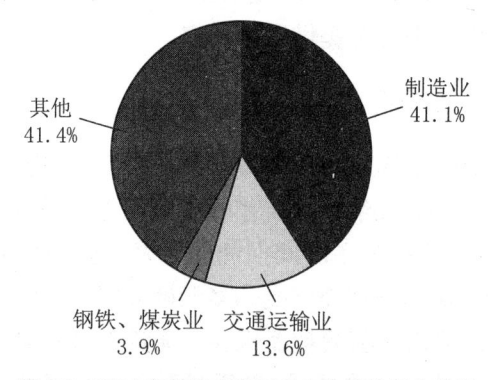

图1-2 2021年滴滴专职司机来自其他行业情况

• 资料来源:中商产业研究院。

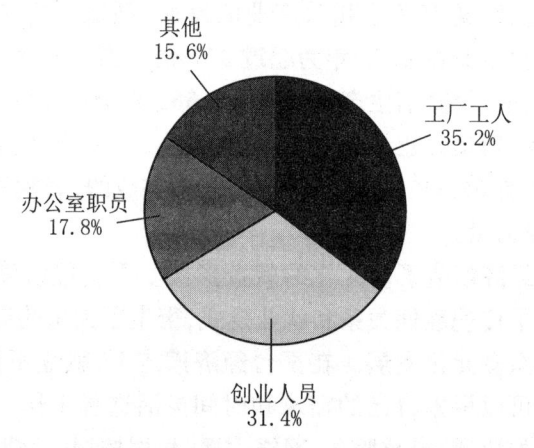

图1-3 2021年美团骑手来自其他行业情况

• 资料来源:中商产业研究院。

最后，平台经济提升了劳动者的就业能力。平台经济催生了大量新职业，这些职业促使劳动者学习、掌握新技能和新知识。为了适应这种变化，劳动者需要不断学习和提升自己的能力。平台经济提供了大量的就业信息和资源，帮助劳动者更好地了解市场需求和就业趋势。这使得劳动者能够更好地规划自己的职业生涯，提高自己的市场竞争力。平台通过开放接口和数据共享，促进了产学研合作和技术创新，这也为劳动者的职业发展和能力提升提供了更多的机会和支持。

（四）平台经济为人们的生活提供新便利

平台经济不仅对经济结构产生了深刻的影响，也对人们的生活产生了重要的影响，如出行用滴滴叫车，聚餐用美团订座，购物上淘宝，支付用微信等。随着信息技术的发展，一个个功能强大的互联网平台深刻改变了人们的日常生活。

平台经济为生活消费提供新的便利。平台集成了消费者购物、支付、评价等一系列消费行为，极大地提高了消费效率。传统的购物方式需要到实体店进行选购，而平台经济中，互联网平台将商品和服务随时展示在消费者面前，消费者可以随时随地进行购物。平台还为消费者提供个性化的推荐服务，帮助消费者更好地选择商品和服务，提高消费体验。目前，平台经济已覆盖娱乐购物、旅游出行、饮食家政、教育培训等人们生活的各个方面。从零售业来看，实物商品网上零售额占社会消费品零售总额的比重大幅提高，从2015年的11%增长到2022年的26%（图1-4）。此外，平台经济还推动了消费升级和消费降级的同时出现。一方面，电商平台为消费者提供了更多的高端商品和服务，满足了消费者对品质和体验的需求；另一方面，二手交易平台和共享经济平台为消费者提供了更加经济实惠的商品和服务，降低了消费者的消费门槛。

平台经济为公共服务提供新的便利。在传统的公共服务模式中，政府和社会组织需要通过各种渠道向公众提供服务，而在平台经济中，政府和社会组织可以通过互联网平台向公众提供更加便捷、高效的服务。如在医疗健康领域，人们可以通过互联网平台进行在线咨询、预约挂号、药品购买等，避免了奔赴现场、长时间等待等问题。如在社区服务领域的社区便民生活服务平台，是一个面向本地居民的全新服务平台，旨在便利用户生活、提

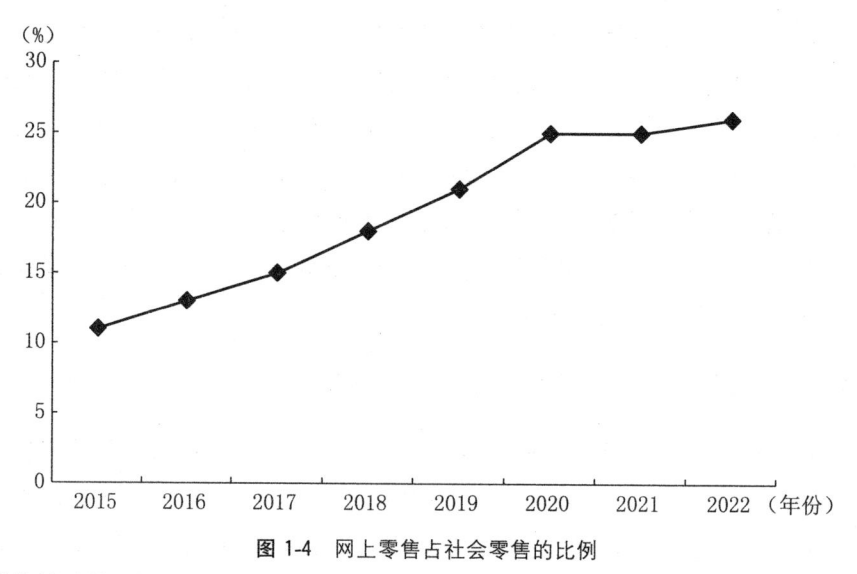

图 1-4　网上零售占社会零售的比例

• 资料来源：国家统计局。

高生活质量、减少生活压力。该平台通过线上或线下渠道为用户提供各种便利的生活服务，例如家庭保洁、家电维修、餐饮外卖、宠物照顾等。在教育领域，人们可以通过互联网平台进行在线学习、远程教育等，提高了教育资源的利用效率。

平台经济为文化交流提供新的便利。在传统的文化交流模式中，人们需要通过旅行、留学等方式达到目的。在平台经济中，人们可以通过互联网平台进行文化传播、交流和分享。如在音乐领域，人们可以通过互联网平台进行音乐创作、演唱和分享，实现了音乐文化更加广泛的交流和传播。在文学领域，人们可以通过互联网平台进行文学作品的创作、阅读和分享，实现了文学作品更加广泛的交流和传播。

平台经济为环境保护提供新的便利。在传统的环境保护模式中，政府和社会组织需要通过各种渠道向公众宣传环保知识、推广环保技术来推动环境保护工作。在平台经济中，政府和社会组织的宣传、推广更便捷，还可以通过互联网平台向公众提供更加方便、高效的环保服务。如在能源领域，人们可以通过互联网平台进行能源管理、节能减排，实现能源的更高效利用和环境的更有效保护。在交通领域，人们可以通过互联网平台享受绿色出行、共享出行等服务，减少交通污染和能源消耗。

(五) 政策为平台经济发展提供新保障

近年来,我国的平台经济战略经历了两个阶段。

第一个是加强监管,"防止无序扩张"阶段。2020年12月11日,中央经济工作会议首次提出要"强化反垄断和防止资本无序扩张",当时的背景是互联网平台经过几年的发展之后,出现了市场垄断、无序扩张、野蛮生长等问题,例如大数据杀熟、平台二选一、与菜农争利等事件,平台经济过多地聚焦于流量变现而不注重原创性和基础性创新。2020年之后,国家针对平台经济出现的问题进行了集中整治。例如,2021年4月,市场监管总局针对某集团实施"二选一"垄断行为罚款182.28亿元。同年10月,另一家平台企业也因滥用市场支配地位,被要求退还独家合作保证金12.89亿元,并处罚金34.42亿元。在加大整治力度的同时,监管层提出要为资本设置"红绿灯"。2021年中央经济工作会议提出要为资本设置"红绿灯",防止资本野蛮生长(表1-5),2022年1月国家发改委等部门发布《关于推动平台经济规范健康持续发展的若干意见》;2022年3月金融稳定发展委员会提出稳妥推进并尽快完成大型平台公司整改工作。

表1-5 2020—2021年关于平台经济主要政策内容

日期	会议/部门	关于资本/平台经济内容
2020年12月	中央经济工作会议	首次提出强化反垄断和防止资本无序扩张
2021年4月	中央政治局会议	提出要加强和改进平台经济监管,促进公平竞争
2021年12月	中央经济工作会议	首次提出要为资本设置"红绿灯",依法加强对资本的有效监管,防止资本野蛮生长

• 资料来源:笔者整理。

第二个是监管常态化,"鼓励探索创新"阶段。随着整改的陆续实施,国家对于平台经济的监管转向常态化,并且开始鼓励平台企业探索创新。2022年7月中央政治局会议提出要推动平台经济规范健康持续发展,完成平台经济专项整改,对平台经济实施常态化监管,集中推出一批"绿灯"投资案例。2022年中央经济工作会议提出,要大力发展数字经济,提升常态化监管水平,支持平台企业在引领发展、创造就业、国际竞争中大显身手。2023年4月政治局会议提出,要推动平台企业规范健康发展,鼓励头部平台企业探索创新(表1-6)。

表 1-6　2022—2023 年关于平台经济主要政策内容

日期	会议/部门	关于资本/平台经济内容
2022 年 1 月	国家发改委等部门	发布《关于推动平台经济规范健康持续发展的若干意见》,提出对人民群众反映强烈的重点行业和领域,加强全链条竞争监管执法,依法查处平台经济领域垄断和不正当竞争等行为
2022 年 1 月	网信办等四部门	提出互联网企业发展前景广阔,必须把握大势、坚定信心,平台经济在我国经济社会发展全局中发挥着重要的积极作用
2022 年 3 月	国务院金融稳定发展委员会召开专题会议	关于平台经济治理,提出稳妥推进并尽快完成大型平台公司整改工作,促进平台经济平稳健康发展
2022 年 4 月	李克强主持召开经济形势专家和企业家座谈会	推动平台经济健康持续发展,稳定和带动就业
2022 年 4 月	国务院常务会议	支持市场主体稳岗,促进平台经济健康发展,带动更多就业
2022 年 4 月	中央政治局会议	要促进平台经济健康发展,完成平台经济专项整改,实施常态化监管,出台支持平台经济规范健康发展的具体措施
2022 年 4 月	中央政治局第三十八次集体学习	依法规范和引导我国资本健康发展,发挥资本的积极作用
2022 年 5 月	中国人民银行召开专题会议	推动完成平台企业金融业务专项整改,要对平台企业金融活动实施常态化金融监管,促进平台经济规范健康发展
2022 年 7 月	中央政治局会议	要推动平台经济规范健康持续发展,完成平台经济专项整改,对平台经济实施常态化监管,集中推出一批"绿灯"投资案例
2022 年 12 月	中央经济工作会议	要大力发展数字经济,提升常态化监管水平,支持平台企业在引领发展、创造就业、国际竞争中大显身手
2023 年 4 月	中央政治局会议	要推动平台企业规范健康发展,鼓励头部平台企业探索创新

• 资料来源:笔者整理。

三、平台经济的发展困境

平台经济作为一种新型经济形态,在我国得到广泛的发展。近些年,尽管平台经济发展势头强劲,覆盖领域持续拓展,但也面临着前所未有的困境与挑战。这些困境主要源于相较于平台经济的发展,其市场治理、监管政策、法律规制等相对滞后,亟须进一步深入探索,推动平台经济健康、有序、稳定地发展。

(一)企业与政府治理边界仍不清晰

平台企业在追求利益最大化的过程中,存在无序竞争和资源浪费。一方面,先进入市场的平台企业利用资本可以快速积累买卖双方用户流量,同时吸引更多用户进入平台并最终获得垄断地位。这时,平台企业会采取"二选一"、数据接口屏蔽等不正当竞争手段破坏市场其他群体的利益和正常的竞争秩序。另一方面,平台企业之间会通过"烧钱大战"来抢占市场地位,这一过程会造成大量的社会资源浪费。如在共享单车平台大战中,随着几家大平台企业占领市场,其余中小型共享单车平台企业在资本战中黯然退场,成堆的共享单车被遗弃,造成大量社会资源浪费。

平台企业在追求利益最大化的过程中,可能导致社会公共利益受损。平台已经广泛涉及各类公共领域,并行使了一部分在传统模式下由政府公共管理部门行使的相关职能,私人部门和公共部门的边界逐渐模糊化。一方面,平台对当前社会生产要素的分配、生产力的组织等因素皆有影响,平台企业基于对市场利润最大化的追求,在其发展过程中易产生的权力寻租、商业伦理等问题,威胁到公共利益。另一方面,平台经济大量涉及教育、医疗、食品、药品、交通出行等公共领域,其建设缺陷会直接对公共利益产生不利影响。当前平台内部监管重心主要放在非法交易和虚假宣传等传统问题上,而对于平台负外部性等问题几乎未有涉及。

平台企业充当交易媒介,具有撮合机制,是市场交易维护者。同时,它具有盈利诉求,也是市场参与者,兼具社会属性和商业属性。在交叉网络外部性的影响下,平台经济的负外部性被放大,进一步增加了市场系统性风险发生的概率。在平台自身难以抑制该风险的扩散时,政府的介入就非常必要。因此,平台经济的治理与维护,需要政府、平台企业和第三方共同承担。当前,我国对平台干预的主要表现形式为事后干预模式,就是在某些大型平台出现不正当竞争行为之后,市场监督管理局才开始介入,这是一种矫正正义的体现。但在短则几个月长则几年的调查时间中,平台中的用户福利会遭受持续性的损失,同时会降低平台经济的市场活力。因此,政府要为平台释放多少自治空间?企业、政府介入程度如何?政府与企业的边界在哪里?这些仍然是"摸着石头过河"的重大议题(图1-5)。

图1-5 平台企业与政府治理边界探索

• 资料来源:笔者自绘。

(二) 精准监管、有效监管仍有不足

平台经济违法行为的隐蔽性较强,许多行为无法从表面直接发现。如平台利用算法技术,对消费者进行个性化推介与定价,侵犯消费者的消费选择权。又如,平台通过算法操纵商家声誉排名机制,使其偏向平台的关联业务而排斥竞争对手业务,歧视性对待平台商家,扭曲公平的市场竞争。再如,不同平台借助算法隐形互动,利用复杂多变的编码程序达成合谋,隐去信息交互痕迹。算法上的共谋与传统市场交易中的共谋表现虽然不同,但其在本质上是相同的。二者不同之处在于算法共谋根据算法实施共谋,呈现出稳定性强、透明性弱等新特点,如果不进行数据分析及实证研究,很难察觉到算法的存在。例如,2017年,在欧盟对国外某搜索平台发起反垄断调查中,执法机构面对该平台公司采取操纵搜索导向的算法技术,花费了多年时间才从庞大的搜索数据中确定其滥用市场支配地位的垄断行为。

平台经济领域众多、规模庞大、系统复杂,精准监管难度大。例如,有一种"职业差评师",专门给网上卖家差评,以此来敲诈和勒索,迫使卖家屈服,并要求提供相应的"赔偿",以此来获利。又如,直播存在涉黄现象,当前直播平台和短视频平台的直播涉黄屡见不鲜,各大网络直播平台也纷纷被监管部门约谈。而且,平台经济还存在内容易复制、传播成本低等诸多问题,这些都进一步加大了精准监管的难度。

平台经济具有高度动态性,使得监管执法机构的介入时机选择极其复杂,对新问题无法及时监管。如大数据杀熟,同样的商品或服务,老客户看到的价格反而比新客户要贵出许多。又如,大数据信息茧房,在信息传播过程中,公众会根据自己的个人喜好去筛选信息,对此,平台通过大数据算法对用户进行"画像",公众因此置身在具有个性化特征的信息环境当中。这些层出不穷的新问题,对于监管的时间选择要求较高。如果执法部门介入过早,可能阻碍市场良性竞争,不利于新兴平台的发展。如果执法部门介入过晚,可能会导致平台垄断对市场进入的阻碍。选择介入的时机将直接影响监管的最终效率与质量。

当前,我国对于平台经济监管体系还需要进一步完善。一是我国当前以纵向监管为主,还未构建有效的共同监管体系。传统的监管机构对传统经济的监管呈现纵向监管的特点,但平台经济具有跨领域、跨行业、整体化、技术化等特点,一个平台的市场活动可能遍布社交、金融、网购等诸多方面,

单独的机构很难对平台经济问题及时回应与监管,因此亟须诸多监管机构通力合作。二是我国当前以事后监管为主,还未构建有效的事前监管体系。互联网平台是一个动态开放的生态系统,事后监管不能及时纠正平台经济前期违法违规行为,对其引发的横跨多领域、超大体量的金融系统风险无法及时防范。事后对平台违法行为纠正要投入大量人力与财力,亦会对平台上的经营者与消费者造成损失,增加监管执法的经济成本。三是我国当前以政府监管为主,还未构建有效的、系统的"自管—他管"监管体系。平台企业拥有构建者与管理者的双重身份:一方面,平台企业是平台搭建者、用户数据拥有者以及算法技术使用者,为平台参与者与使用者提供桥梁,所以应充分发挥其利益协调的作用。另一方面,平台企业也是平台管理者,有义务采取符合交易安全的技术和制度,对交易秩序积极监督。然而,目前平台企业的自我监督及其责任划分尚不明确,导致平台"自管"作用不能充分发挥。

(三) 滥用市场支配地位认定有难度

现有法律规定对数据平台滥用市场支配地位行为的规制亟待完善。《反垄断法》《电子商务法》《禁止滥用市场支配地位行为暂行规定》是认定数据平台是否具备市场支配地位的主要法规性依据。一方面,相关条款只是笼统地将双边市场的新特点、新工具等因素纳入市场支配地位的界定方法中,但并未明确大数据领域中数据平台滥用市场支配地位的类型等问题。另一方面,虽然现行法律对数据平台之间的竞争手段已经做出初步规定,并将其纳入市场支配地位的认定要素之中,但法律对于如何规制数据平台滥用市场支配地位的行为不够具体。

现有界定方法并不契合数据平台特殊的经营模式。界定相关市场的传统方法主要采用"垄断者测试法",即通过目标商品的价格对市场供需关系产生的影响来界定相关市场。对于数据平台来说,一方面,数据竞争具有"零价格"的特性,故而难以通过传统界定方法去界定大数据领域中平台企业的相关市场。虽然数据平台在数据市场竞争中也有收益,但是此收益并非直接通过向消费者收费而获得,不能直接将其视为价格,也就无法适用传统的界定方法。另一方面,互联网数据的流通具有跨地域性,加大了相关地域市场的认定难度。同时,线上产品往往具有附加服务,加之市场的双边或多边性,更加大了相关商品市场的认定难度。网络效应也使数据平台能够跨市场获取竞争优势,因此数据平台往往同时参与多个市场,仅通过"价格需求弹性"难以判断多个市场之间的商品替代关系。

(四)垄断行为与垄断现象频繁出现

平台经济具有的双边市场特点,存在交叉网络效应和自网络效应,容易出现"赢家通吃"的局面,在某一领域达到具有垄断性质的市场份额。平台经济的一般模式见图1-6。平台拥有的数据信息越多,在其所处的领域越具有优势,越能排挤一些新的进入者,从而限制竞争,产生一定的市场垄断。而且,平台可以通过数据优势,区别对待不同性质的商家和消费者。具体来说,平台的垄断手段主要如下。

图 1-6 平台经济的一般模式

· 资料来源:笔者自绘。

一是价格操纵。在平台经济中,价格歧视和掠夺式定价是最典型的价格操纵手段。价格歧视,指产品或服务的提供者面向不同的用户对同一种产品或服务设定不同的销售价格。平台经济中最常见的价格歧视行为是"大数据杀熟"。平台企业通过大数据和人工智能算法掌握消费者的购买需求、购买能力、购买习惯等相关数据,分析消费者对产品价格或服务价格的接受程度,对消费者实行三级价格歧视。凭借相关数据,平台企业能够迅速占领某一领域市场,从而实现市场垄断。掠夺式定价,指企业采用降价策略逼退已有的竞争者或试图进入市场的潜在对手,最典型的行为就是"红包补贴""免费拉新"等营销策略,如某出行平台对双边用户同时进行补贴,从而提升市场占有率。

二是用户挟持。头部平台会独占用户的相关数据和其他生产要素,拒绝与其他平台共享信息。这种用户挟持是典型的平台排他性交易行为,包括排他性销售协议,也包括排他性购买协议。交易限制也可以是完全排他的,比如二选一。2021年,有两家大的平台企业均因"二选一"行为受到处罚。2022年,某学术平台垄断事件受到广泛关注,其高价数据库、与学术期刊独家合作、不向个人开放服务等行为侵害了用户的合法权益。此外,头部平台还会主动提示用户,或采用一定的策略吸引用户进行跨市场产品体验。

三是强制性搭售。平台经济的强制性搭售现象普遍存在,具有反竞争的效果。强制性搭售,指市场经营者将两种互补或者相似产品捆绑并强制销售。平台用户数据是共享的,基于数据优势,平台将商品或服务进行强制性的搭售,而实际上用户所得到的产品或服务质量并未提升。搭售的目的不在于进一步提升产品或服务质量,而在于以平台的市场主导地位占领其他业务的市场份额,进一步稳固平台自身在市场中的地位。这种强制性搭售既侵害用户的自由选择权,又阻碍了被搭售产品市场的公平竞争。

四是经营者集中。平台形成垄断的初期,主要依靠横向兼并来扩张规模。横向兼并,指对同一竞争市场中拥有相同产业和产品的企业进行收购,并迅速占领市场,提高竞争力。如某出行平台通过与其他同领域平台合并增加市场份额,提高平台在市场中的支配地位。为减少市场中的不确定性,平台也通过纵向兼并的方式对产业的上下游进行扩张,以达到纵向一体化的目的。平台还采用对角兼并的方式实现经营者集中。对角兼并,指被兼并平台与平台生态系统中的业务不存在直接的关联,属于跨市场、跨行业的整合。如某电子商务平台,在积累了大量用户信息和数据后,向金融、企业服务、教育、社交等领域扩展,形成了规模巨大的平台生态。平台的主要垄断行为见图1-7。

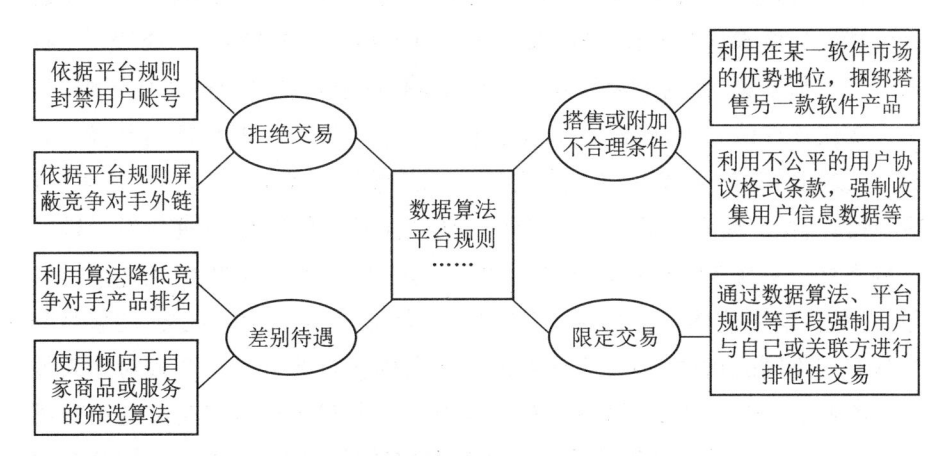

图1-7 平台的主要垄断行为

• 资料来源:笔者自绘。

(五)数据隐私与产权问题亟待解决

在数字经济时代,数据已经成为一种生产要素、一种战略性资源。数据所有权、财产权界定,数据隐私保护的权责界定,极其重要。然而,当前相关法律尚不完备,违法违规采集和贩卖个人信息、数据产权争端等现象屡见不鲜。有关数字治理、数字安全、数据产权等法律框架,以及数字平台经济数据合规性等问题亟待深入探讨、积极探索。

平台企业在未经用户允许下,私自采集、使用与转让数据问题层出不穷。例如,有一家第三方公司通过一个应用程序收集了5 000万美国某大型社交平台用户的个人信息,这一数字接近其美国活跃用户总数的1/3,美国选民人数的1/4,波及范围非常大。又如,国内某平台企业一名电销员工违反公司纪律,利用工作便利私下获取客户联系方式,并透露给分销商员工,引发一名客户投诉。再如,2021年7月,监管部门进驻某出行平台公司进行审查,由于其掌握了数亿人的出行数据,既有普通群众也有特殊岗位的工作者,因此其发布的一些统计数据会涉嫌泄密,比如哪个部门哪个时段打车比较频繁。由于此时我国还没有专门的数据安全法,监管部门遂依据《网络安全法》对其审查并确实找到了一些问题,要求其下架整改,一直持续到2023年1月才恢复上架,允许新用户注册使用。

数据的复杂性,数据主体的多元性等,导致数据产权界定困难。一是数据的特性与技术高度关联,技术是认识数据特性的重要变量。一般而言,技术不会对如木桌、铁椅等物质实体产生影响,却很可能对数据造成影响,从而改变法律评价。数据与算法、算力深入结合,不断产生新功能、新价值、新趋势,如何对其研判和评估非常艰难。二是数据也不同于"土地、资本、技术"等传统生产要素,其既是生产要素,也映射了社会关系,这使得对于数据的利用会产生相关的外部性问题。数据客体的独特性是数据特性复杂的底色,对其认识评估具有长期性。三是个人、企业、行业、产业、社会、国家对数据均存在不同的利益诉求,具有很大的复杂性甚至冲突性。个人对个人数据具有控制、访问、更正、删除等系列诉求。企业对数据具有充分利用的诉求。社会对数据具有流通的诉求。产业对数据具有共享的诉求。国家对数据具有政治安全的诉求等。但保护个人对其个人数据的控制在某种程度上与社会对数据自由获取和传播存在冲突。目前,还没有权威、公认的界定数据产权的方法,理论层面也存在空白。

四、平台经济的模式创新

随着科技的不断发展,平台经济中的更多更新的模式持续涌现,如共享经济、定制化产品、数据驱动型创新、跨界融合等。其中,较具代表性的包括电商C2M(Customer-to-Manufactory,"从消费者到生产者")模式、智慧物流平台化模式、汽车全产业链服务、平台农业模式。

(一)商业模式创新,如电商C2M模式

电商C2M模式直接联通生产者与消费者。这一模式是指在工业互联网背景下,使用大数据、云计算、人工智能等现代技术,通过生产过程的智能化、个性化、柔性化、节能化,缩短从产品制造到流通的过程,因此也称作"短路经济"模式。与传统经济模式不同,电商C2M模式消除了制造商和消费者之间的信息边界,借助智能设备、计算机系统、互联网等硬件和软件设备实现信息的实时交互,最大限度地满足消费者需求,其本质为一种个性化及定制化服务模式。

这一模式的核心是生产者和消费者直接相连,通过缩短供应链提质增效。但C2M模式两端参与者的商业模式的运转仍需一个具有双方高度信任的中间信息传递平台为其提供服务。平台能为电商C2M模式提供信息传递、提供产品服务和售后保障。随着平台经济的兴起,以淘宝、京东等为代表的一批具有平台经济特征的电子商务平台快速发展,为C2M的高质量运转提供了可靠的信息交流途径,即平台经济模式对电商C2M具有赋能作用。

电商C2M模式是一种用户驱动生产的创新模式,以个性化、定制化生产为内核。与传统制造产业生产流程遵循"洞察消费者—产品研发—采购—生产—营销"这一逻辑不同,电商C2M模式的流程为平台下单,并在平台分析和分配后,由生产商设计、采购、生产和发货。因此,电商C2M模式的创新逻辑应当为"实时洞察消费者—技术驱动产品研发—自动化采购—柔性化生产—直接送达客户"。其中,在洞察消费者、产品研发、采购和生产环节方面,电商C2M模式是传统制造生产的智能化升级过程,其目的是降

低生产成本,提升生产效率。而最大的改变在于末端环节,传统制造业需要花费大量成本进行营销,电商C2M模式只待制成品直接运输到消费场景末端(图1-8)。

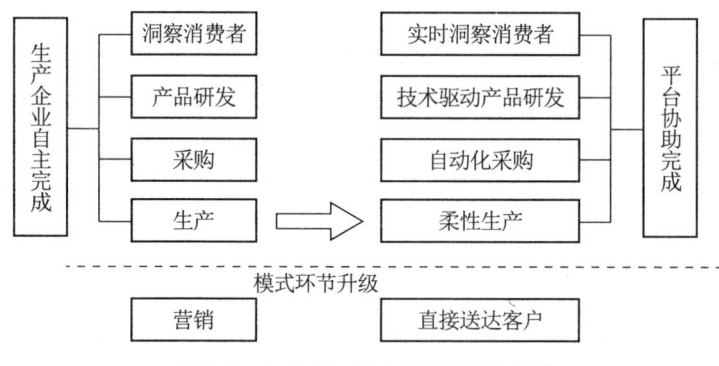

图1-8 电商C2M模式创新逻辑示意图

• 资料来源:刘思彤《平台经济驱动下电商C2M模式的发展:创新、困境及策略选择》,《财会月刊》2021年第11期,第143—147页。

电商C2M模式的运营环节如下:一是消费者在平台按需选择产品制定参数并完成下单;二是平台对相同或相似订单开展并单处理后,一起分发到相应生产商;三是生产商根据需求生产商品,并在规定的制造周期内交付产品;四是平台依据数据分析挖掘消费者潜在需求,根据分析结果指导生产商对生产线进行升级改造,以不断丰富产品的可定制化程度(图1-9)。因此,电商C2M模式的实现需要拥有足够多的消费者,扩大市场需求;并找到足够多的合适生产商,满足市场需求。大型电商平台已经普遍具备足够多的黏性客户,当前的关键是如何吸纳足够多的合适的生产商。

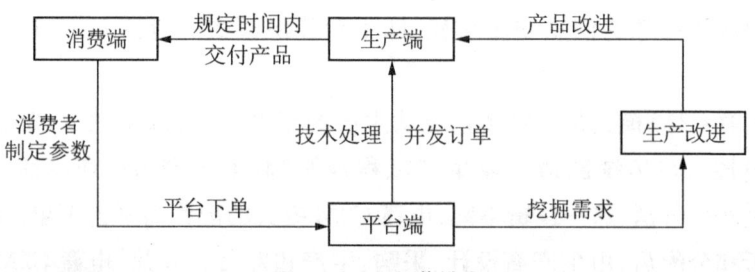

图1-9 C2M经营模式

• 资料来源:刘思彤《平台经济驱动下电商C2M模式的发展:创新、困境及策略选择》,《财会月刊》2021年第11期,第143—147页。

（二）物流模式创新，如智慧物流平台化模式

智慧物流是传统物流产业和现代互联网技术相结合的复合型产业。一是传统物流产业通过运营现代互联网信息技术，实现经营效率显著提升。二是利用现代互联网信息技术从底层嵌入物流产业，通过技术赋能作用颠覆传统物流形式。智慧物流是现代物流产业转型及供给侧结构性改革的重要途径，是实现物流产业"降本增效"的重要载体，其模式创新的目标是解决智慧物流产业链冗长、利润低及标准化与个性化服务相冲突等发展瓶颈。

智慧物流与平台经济的融合发展模式将具有以下特征。第一是协同性。智慧物流平台化模式的资源共享及企业协同性更为突出，将进一步打破不同产业及不同企业的边界，深化物流运作流程中的分工，实现社会物流资源最大化利用。第二是可塑性。物流数据的积累会演化出更多种类物流服务，数据驱动将成为智慧物流业务创新的重要来源。平台作为智慧物流产业链上下游企业的中介联系者，会充分利用大数据技术等深度挖掘数据信息潜在价值，并指引上游企业生产与下游企业销售，实现智慧物流科学化、自动化及智能化决策。第三是智能性。随着大数据、云计算、区块链、人工智能及物联网的深度应用，在生产端物流柔性生产成为可能，物流企业将创造更多个性化产品与服务。分布式网络将取代集中化运行方式，无人机、无人仓及无人车更加普遍，末端服务模式也会呈现出多样化与个性化。

智慧物流平台化模式由智慧物流管理平台、智慧物流供应链平台及智慧物流电商平台三大模块组成。第一，智慧物流管理平台是核心，是智慧物流平台模式的处理中心，它连接着上下游企业及整个智慧物流产业链的资源分配与管理功能，起到协调智慧物流平台化模式正常运转的作用。第二，智慧物流供应链平台与智慧物流供应链结构和功能相似，但智慧物流供应链平台更具有开放性与包容性，它能融入更多供应链参与主体，如金融机构、第三方信用评估机构、互联网金融平台及保险等。第三，智慧物流电商平台则是线上与线下沟通的中介渠道，它管理整个线下参与者，包括物流企业、供应链上下游企业、配送车队以及最终消费者。不同参与主体的功能都将以模块化形式存在，且彼此相互独立，彼此之间不受影响。如物流平台可在平台发布资源，向社会车队开放竞价合作，让车辆资源调配机制更加灵活，实现多方共赢（图 1-10）。

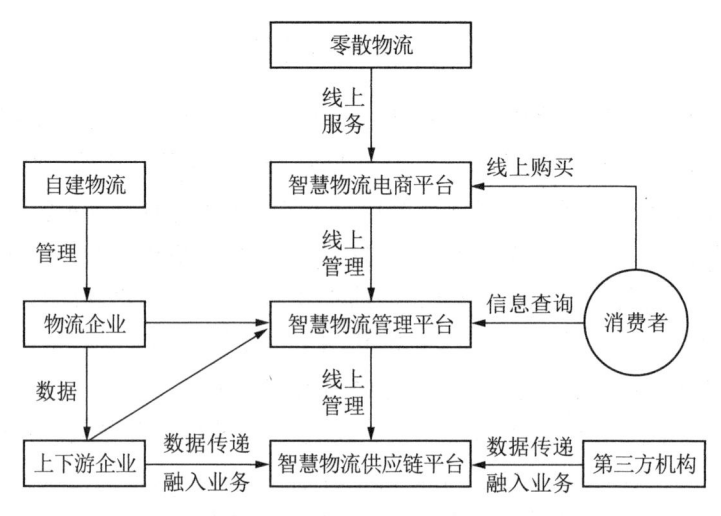

图 1-10　智慧物流平台化商业模式

- 资料来源：张明《平台经济背景下智慧物流模式创新研究》，《湖北社会科学》2021年第9期，第67—72页。

（三）生产服务创新，如汽车流通企业全产业链服务模式

我国汽车流通企业服务模式演化经历了三个阶段。

第一阶段是单店与连锁服务模式。这一阶段汽车流通企业服务存在两种形态：单店和连锁。单店模式以超市大卖场的形式存在，超市大卖场拥有不同品牌的汽车，以销售汽车为主；连锁模式以4S店或品牌店形式存在，提供一种品牌汽车销售与售后服务。这一阶段的汽车服务企业间合作松散，服务质量差强人意，服务性价比偏低。

第二阶段是电商新零售服务模式。随着互联网技术的出现，越来越多的汽车流通企业应用互联网技术打造汽车销售平台，形成汽车电商新零售服务模式。该模式在电商平台销售汽车，并提供部分线下汽车售后服务。总体特点是线上与线下结合，服务性价比更高，制造与服务融合，促进了制造业与服务业融合发展。

第三阶段是全产业链服务模式。该模式指汽车流通企业基于数字技术整合不同企业资源，为顾客提供制造、销售、物流、维修、评估、置换、保险、金融及客户订制的整套服务。这一阶段的汽车流通企业服务能力增强，产业边界模糊，创新能力进一步提高。

数字技术是推动汽车全产业链服务模式的基础。众多汽车流通企业利用大数据、软件即服务（SaaS）数据库、人工智能等数字技术打造电商平台，

对汽车信息和企业开展管理。汽车流通企业有了数字技术,对业务需求的把握更准确、更主动。同时,随着数字技术的发展,帮助汽车流通企业打造出更多创新空间,多元化的数字技术及提供商也为汽车流通企业带来了更多选择机会,使得很多商业场景成为可能。可以说,数字技术的发展是全产业链服务模式的前提条件。

企业协同是全产业链服务模式运行的关键。汽车流通企业改变以往仅与汽车供应商合作的模式,与物流、金融等不同行业的企业合作,企业间通过协同实现汽车服务创新(图1-11)。如通过与物流企业合作,为用户提供大批量整车运输和小批量多类型的车辆运输。这一方面依赖于物流企业的配送能力,另一方面也依赖于物流运输的大数据计算系统。又如,汽车流通企业与金融企业合作,为用户提供以租代购服务、零担保低首付购车服务、小额融资服务、在线保险风测服务等。这些服务本质上是由企业间协同产生的,企业间协同的效率直接影响服务的质量。

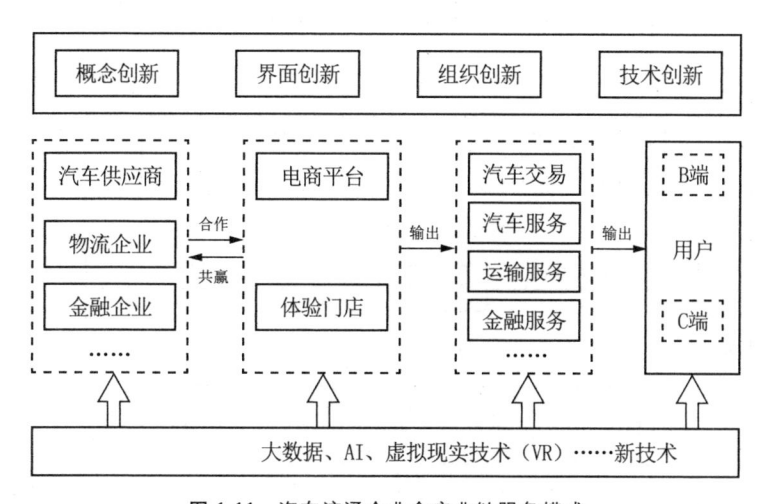

图1-11 汽车流通企业全产业链服务模式

• 资料来源:唐雪莲《平台经济背景下汽车流通企业全产业链服务模式创新研究》,《商场现代化》2020年第15期,第1—4页。

用户黏性是全产业链服务模式的目标。平台经济背景下,用户流量、用户黏性是汽车流通企业关注的核心。庞大的用户流量,意味着新用户增加的概率提高。高黏性的用户,意味着用户复购的可能性。用户流量和用户黏性决定着汽车流通企业的生存状态。汽车流通企业几乎覆盖汽车服务所有环节,期望所有用户能长期使用他们的产品和服务。一旦用户的使用习惯得以培养,用户迁移的意愿就会大幅下降。毕竟对于用户而言,迁移到其他平台是有成本的。

(四) 农业模式创新，如平台农业模式

随着互联网技术与电子商务的快速发展，我国农业形成了以平台为核心的新商业模式，即平台农业模式。平台农业模式对解决我国"三农"难题，推动乡村振兴，推进新农村建设，促进地方经济转型的意义重大，影响深远。具体而言，平台农业模式有助于缩短农业产业链，降低流通成本，提升农业生产效率，提高农民收入；有利于促进资源优化配置，引导农业转型升级；有助于农业创新，开拓农村消费者市场新增长点。

平台农业模式，是基于中心平台的一种新商业模式，它与传统单边农业经济模式不同，平台农业模式是基于双边或多边的一种农业经济发展模式（图1-12）。即通过技术赋能，实现农业生产端的转型升级，并提升其内在价值，切实增加农民收入。例如，关注产前的育种、肥料和机具的数字化发展，对产中的种植、养殖及采摘进行数据可视化管理等。

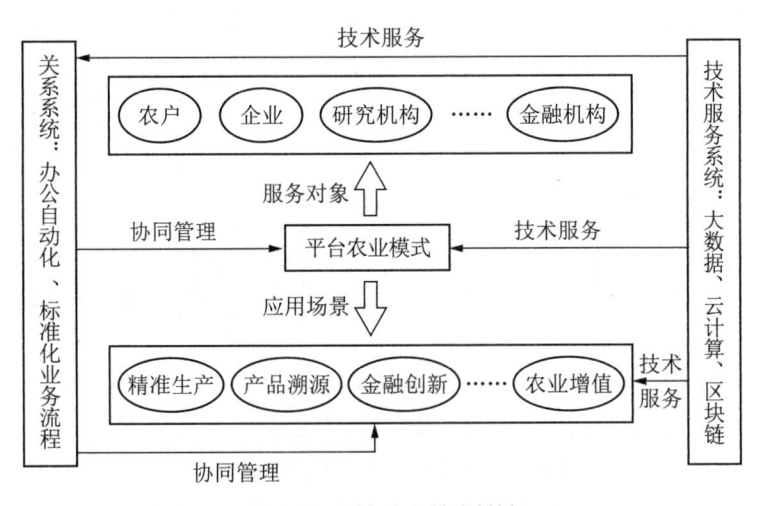

图1-12 平台农业模式创新

- 资料来源：黄立赫《分享理念下平台农业模式、发展障碍及创新研究》，《湖南社会科学》2021年第3期，第105—111页。

当前，我国平台农业模式主要有四种类型。一是政府驱动型，主要是以政府为主导。政府主动发展平台农业模式，在相关机制的建立、运营理念和政策等环节采取了一系列措施。重点培育当地核心企业并以此为基础创建农业产业园，解决当地农产品"无标"和"无认证"等问题，创建了标准化品牌。二是网络电子商务驱动型，主要通过以产促销形式，鼓励农户加入到线

上农业平台，以网络销售带动生产，促进其他相关产业协同发展。三是服务驱动型，也是以政府为主导。当地政府创建电子商务进村综合示范工程，通过政策引入外部服务商融入当地农业产业链，推动农业发展，通过电商市场竞争力量推动农业转型升级，实现智慧化、标准化、特色化以及品牌化发展。四是产业驱动型，该模式的基础在于发达的零售产业和强大的市场支撑机制。在政府的推动下，能快速形成农业平台化发展的商业文化，实现虚拟市场和实体市场融合发展。

具体模式创新包括：基于物联网的工业化种养殖平台、扁平化农业物流交易集散模式、农产品品牌化模式、农产品交易电商模式以及基于数据分析的农产品定制化模式等。其中，以农产品交易电商模式为主要模式（表1-7）。

表 1-7 农产品交易电商模式总结

	运营理念	运营模式	模式问题	合作模式
京东模式	自营为主，负责平台营销、配送和展示业务。招募乡村推广员，开拓农村市场	在原有平台基础上，注重渠道下沉，打造品牌开拓农村市场。通过加盟模式快速实现村级市场覆盖	农村市场服务体系不完善，自营的平台发展较好，导致工业品下乡大于农产品进城，需要进一步加紧平台与供应链融合	自营+加盟
农村淘宝	依托阿里巴巴千县万村计划。与地方政府合作，在县域建立服务中心，村一级建立服务站点，通过佣金提成获利	借助阿里巴巴生态体系，形成规模效应，实现工业品和农业品城乡流动	生态链健全，外部输入挤压原有农村市场；本地原有税收被外来平台吸纳到平台成熟地区	自营
乐村淘模式	打造双向平台，构建一个闭合的商流、物流、信息流和现金流的循环系统。平台提供农产品输出渠道，并反馈数据指导农户生产	直接面对消费者与供应商，采取批量采购方法，减少中间环节。推行双向O2O（Online-to-Offline，"线上到线下"）模式，连接城乡	完全加盟方式，各地加盟商各自负责平台，存在服务统一化问题。平台缺乏垂直统一管理，无法指导三级以下服务体系	加盟

• 资料来源：笔者整理。

综上所述，随着新一轮科技革命不断深化，全球和我国平台经济的发展出现新形势。本章重点研究了全球和我国平台经济发展新特征与新模式，分析了平台经济发展新困境与新挑战，以期为我国全面系统地把握平台经济的发展方向提供依据，为我国制定合理高效的平台经济发展政策提供启发。在世界经济面临不确定性、不稳定性、突发性的新形势下，近年来，全球平台经济依然逆势增长，既在空间分布上进一步集聚，也在企业分布上进一步集中。全球各个国家的线下活动加速向线上平台转移，推动平台经济领域不断拓展，促进平台经济生态更加优化。我国平台经济亦是蓬勃发展，日益成为我国经济增长的新引擎、创新发展的新载体、劳动就业的新空间、人们生活的新便利。同时,中央与地方纷纷出台了一系列鼓励平台经济创新发展的政策,为平台经济发展保驾护航。平台经济在推动实现高质量发展的进程中发挥着举足轻重的作用。而这些年平台经济的野蛮生长,也导致平台经济发展出现新的困境。如企业自治与政府治理之间的边界仍不清晰,平台经济的监管体系还不够完善,平台经济滥用市场支配地位的认定存在难度,平台垄断行为与垄断现象依旧频繁出现,数据隐私与产权问题层出不穷等一系列问题,亟待探索与解决。同时,平台经济模式仍伴随新技术的不断涌现而推陈出新,如联通生产者与消费者的C2M模式,融合平台与智慧物流的智慧物流平台化模式,创新生产服务的汽车全产业链服务新模式,推动农业转型升级的平台农业模式,这些新模式将成为引领平台经济变革与发展的新方向。

第二章
运行逻辑：平台经济的理论分析

平台企业通过持续的创新探索形成与传统企业大相径庭的独特商业模式，尤其是基于免费定价策略的盈利模式的不断演变，成就了平台企业跨界蝶变的汹涌浪潮。既有研究主要以双边用户非对称定价来解释平台企业免费向用户提供技术服务的现象，但该理论无法涵盖平台企业同时对买卖双方免费的情境，且忽视了"市价为零时，技术服务市场的稀缺资源如何配置"这一重要问题。

一、提出问题："免费盈利"模式的理论价值与实践意义

数字经济是支撑我国经济高质量发展的重要动能。当前，我国经济恢复的基础尚不牢固，需求收缩、供给冲击、预期转弱，三重压力仍然较大，外部环境动荡不安，给我国经济带来的影响加深。在攻坚克难中推动高质量发展，要充分释放平台经济的创新引领作用，[1]即通过数字技术的创新迭代与数据要素的跨界融合来持续优化并重塑生产力和生产关系，进而激发整个经济体系的运转效率。同时，高质量发展也对平台经济提出了新的要求，"要坚持促进发展和监管规范两手抓、两手都要硬，在发展中规范、在规范中发展"，[2]即需深入研判数字经济领域的新业态、新模式，使平台企业的创新探索服务于国民经济发展大局，而非沦为攫取超额利润的收租利器。正如党和国家多次强调的那样，要加强反垄断反不正当竞争监管力度，要加快健全数字经济公平竞争监管制度。这些重要方针，为我们推进数字经济健康发展指明了方向。

回顾我国数字经济发展历程，自1994年正式接入国际互联网至今，新浪、百度、腾讯、阿里巴巴等平台企业积极研发利用新技术、新要素，持续创

---

[1] 2022年12月15日至16日，中央经济工作会议对2023年经济工作作出重要部署，提出要大力发展数字经济，提升常态化监管水平，支持平台企业在引领发展、创造就业、国际竞争中大显身手。
[2] 习近平.不断做强做优做大我国数字经济[J].求是，2022(2):4-6.

新探索新业态、新模式,打造出我国数字经济蓬勃发展的不竭动力与活力源泉。其中,"免费盈利"模式,即基于免费技术服务实现盈利的独特商业模式,是平台企业在激烈的市场竞争中摸索形成的制胜法宝,不但能使平台企业在发展初期迅速赢得消费者青睐,为其参与市场竞争奠定用户基础,同时也能使平台企业在后续发展中获得稳定可观的投资收益,为其长期生存和持续扩张夯实资金基础,是催生平台企业跨界经营浪潮的关键创新。最具典型性的案例是在 2003—2005 年间,仅仅持有 2 500 万美元投资的淘宝平台,依靠该模式成功战胜了当时全年营收超过 238 亿美元的 eBay 平台。时至今日,淘宝平台仍然对买卖双方免费开放,并未在占据 80%以上的市场份额后就通过收取技术服务费来收回成本,其免费定价策略显然与传统意义上"先低价销售挤出竞争对手,再提价收回成本"的价格倾销策略存在本质上的区别。

现阶段,平台企业免费向用户提供技术服务已成为数字经济时代的典型特征之一,用户能够免费使用的网络技术服务种类越来越多,如网络搜索、网络购物、网络支付、网络社交、网络媒体、网络游戏等。这类免费现象很早就引起了国内外学者的关注和研究,主流观点是平台企业免费提供技术服务是其双边用户非对称定价策略下的单边表现。[1][2]该观点虽然解释了数字经济领域绝大部分的免费现象,但现实中仍然存在大量平台企业不完全适用上述解释,如淘宝就既向买方用户免费提供技术服务,也向卖方用户免费提供技术服务。基于此,又有学者从交叉免费、三方市场、版本划分、数据服务[3]与社群逻辑[4][5]等角度对平台企业的"免费盈利"模式进行研究与解读,深入剖析平台企业的免费动机、盈利来源,及其不同于传统工业经济的独特价值创造方式。

值得探究的是,这些名目繁多、种类多样的"免费盈利"模式是如何发展演变的? 其背后又隐藏着怎样的共性逻辑? 更为重要的是,在这种免费情境中,平台企业怎样决定网络技术服务供给? 平台用户又如何决定网络技

---

[1] Rochet, J.C. and Tirole, J.. Platform Competition in Two-Sided Markets[J]. Journal of the European Economic Association, 2003, 1(4):990-1029.
[2] Armstrong, M.. Competition in Two-Sided Markets[J]. The Rand Journal of Economics, 2006, 37(3):668-691.
[3] 李海舰,田跃新,李文杰.互联网思维与传统企业再造[J].中国工业经济,2014(10):135-146.
[4] 罗珉,李亮宇.互联网时代的商业模式创新:价值创造视角[J].中国工业经济,2015(01):95-107.
[5] 王昕天,汪向东.社群化、流量分配与电商趋势:对"拼多多"现象的解读[J].中国软科学,2019(07):47-59.

术服务需求？这些疑问最终都会指向一个问题——市场价格机制失效时，数字经济领域的资源配置到底如何决定？这不仅是数字经济实践对传统价格理论提出的新问题，也是数字经济发展向政府监管部门提出的新挑战，即如何在免费情境中更好地提升资源配置效率、保护消费者权益、增进社会福利。下文将在梳理平台企业"免费盈利"模式发展演变过程的基础上，剖析平台企业"免费盈利"的共性逻辑，并着重研究价格机制失效时技术服务市场的资源配置原理，这对于优化数字经济监管政策，促进数字经济健康发展，具有十分重要的意义。

二、实践的困惑："免费盈利"模式的迭代演化与解释困境

"免费盈利"模式是平台企业实践探索中形成的一种盈利模式，可将其定义为平台企业通过免费提供技术服务集聚用户流量资源，并通过流量资源集聚实现价值创造，间接获取盈利的模式。实践上，这种模式经历了迭代式的发展演化；理论上，这种模式也不能简单套用传统经济学的价格理论给予解释。

（一）"免费"盈利模式的发展演化

"淘宝系"平台企业是"免费盈利"模式的开创者，其发展演变具有典型性与代表性。通过考察"淘宝系"平台企业2003—2023年的发展历程，可以将平台企业"免费盈利"模式的发展演变过程归纳为以下三个阶段：

一是完全免费阶段（2003—2007年）。在这一阶段中，淘宝平台对用户完全免费，其核心战略目标并非盈利，而是通过提供更加完善的交易功能与服务，吸引更多用户使用淘宝平台进行交易。具体来看，在免费提供技术服务的前提下，淘宝平台创新、探索、升级技术服务，通过构建支付宝交易模式、改良用户评价体系[①]、推出"淘宝旺旺"服务等方式，有效缓解本土网络交易中的信息不对称问题与用户信任问题，不但成功击败当时收取登录费用和服务费用的eBay，并且开辟了我国网络交易的基本行业范式。到2007年，淘宝平台已不再是一家简单的拍卖网站，而是亚洲最大的网络零售商

[①] 淘宝平台的评价体系来源于eBay，但它将百分制好评率改进为星、钻、皇冠的分级评价，使其更加简明，更易分辨，后来这一分级评价体系发展成为网络交易平台的惯用标准。

圈,全年成交额突破400亿元。

二是多元盈利模式探索阶段(2008—2015年)。在这一阶段,淘宝平台开始多元化盈利模式的探索,在淘宝平台基础技术服务仍然免费的基础上,探索形成了包括服务升级模式、版本分层模式与跨界协同模式在内的三类"免费盈利"模式。

服务升级的盈利模式。该模式特指淘宝平台将技术服务分为不同级别,如基础服务与增值服务,通过"基础服务免费,而增值服务收费"的方式实现"免费盈利"。2008年,淘宝与阿里妈妈合并发展,正式在淘宝平台内提供"广告服务",并宣布在开放广告首月实现了收支平衡。自此,淘宝直通车、淘宝推广、品牌广告这三种模式的广告服务正式成为淘宝平台的增值服务。此外,淘宝平台还提供店铺装修、产品营销、店铺代运营等其他技术服务,但其中广告服务可看作淘宝平台最重要的增值服务,是淘宝平台收入的核心来源。根据阿里巴巴招股书显示,2012—2014年,在线广告占阿里巴巴中国市场零售分部收入的60%以上。

版本分层的盈利模式。该模式指的是淘宝平台为不同层级的卖方用户构建不同版本的交易平台,如淘宝平台与天猫平台,通过"低版本交易平台免费,而高版本交易平台收费"的方式实现"免费盈利"。2008年淘宝平台成立了淘宝商城,2012年更名为天猫商城,定位为高品质的B2C平台,专门为企业用户与消费者进行的零售交易提供技术服务支持。详细比较历年天猫平台对卖方用户的续签考核要求与收费标准可知,天猫平台对入驻卖方用户的要求远远高于淘宝平台,并且向入驻天猫商城的卖方用户收取费用,包括按年收取的年费与按一定费率实时划扣的交易分成费两部分。①此时,原淘宝平台的个人卖方用户仍可以享受免费的技术服务。自2012年起,淘宝平台将大部分搜索结果和首页广告位置都导向了天猫平台,根据阿里巴巴公司年报数据,2012—2014年,天猫平台成交额在淘宝天猫成交总额中的占比从17%上升到30%,天猫平台的成交额增速远远高于淘宝平台。根据中国电子商务研究中心数据,到2015年天猫商城的交易规模已占据中国B2C购物网站57%的市场份额。至此,天猫平台收费也成为"淘宝系"平台的主要收入来源之一。

跨界协同的盈利模式。该模式指的是跨越行业、领域开展业务经营活

---

① 惠佩瑶.平台有最优规模吗?——基于不同收费结构的视角[J].产经评论,2021,12(02):28-43.

动,通过"原有行业技术服务免费,但跨界行业收费"或"原有行业技术服务收费,而跨界行业免费"的方式实现"免费盈利"。跨界协同基于共同的用户基础、数据基础与技术基础得以实现,"使得很多曾经不相干甚至不兼容的元素获得连接,产生价值"。[1]2008年,"大淘宝战略"面世,明确了淘宝开放API(应用程序接口),打造多接口开放性平台,构建大淘宝生态系统的发展方向。这标志着淘宝已超越了纯粹的网络交易市场,向着支付、物流、技术等多业务跨界协同的盈利模式展开探索。以支付业务为例,淘宝平台的支付宝业务能够充分调动买家的闲置资金,尤其是2013年推出的余额宝业务虽然提供高出银行的利率,但是吸收的存款却可以以更高的利息对外借贷或投资,充分利用亿万买家的闲置资金实现资金的流动性价值,进而实现盈利。类似地,淘宝平台还能够通过口碑网、菜鸟(物流)、阿里云等多领域的跨界协同实现盈利。

三是盈利模式融合提升阶段(2016年至今)。在这一阶段中,"淘宝系"平台的服务升级盈利模式、版本分层盈利模式与跨界协同盈利模式已基本成熟,形成了稳定的营业收入。但与此同时,网络销售市场的竞争也愈演愈烈。拼多多的崛起与抖音、快手等短视频电商的迅猛发展,对"淘宝系"平台企业的固有盈利模式形成了严峻的挑战。在该阶段,"淘宝系"平台企业积极适应电商行业新兴发展态势,不断融合提升原有盈利模式。一方面,淘宝平台在2016年正式启动淘宝直播,迅速参与到直播带货、短视频推荐的竞争热潮中,并在后续发展中逐渐演变形成"信息流化的免费推荐服务与直播佣金分配"的盈利模式。该盈利模式是服务升级模式的融合提升版,不同之处在于其增值服务为直播技术服务。根据网络商户披露,淘宝直播的佣金分配是1∶2∶7,也就是说,10%的收入归阿里巴巴,20%的收入归淘宝直播,剩下的70%归淘宝直播机构。另一方面,淘宝平台也积极效仿拼多多,构建淘宝头条、支付宝的社交体系与淘宝特价版平台,引入了"社群逻辑",进一步融合提升原有的跨界协同和版本分层盈利模式。具体来说,即电商平台能够利用基于社交关系链的人与人之间的连接,通过"拼团""砍价"等方式实现"关系到交易""生活到生意"的转化。[2]这能够极大拓展客户群体,提升客户群体忠诚度,从而提高平台企业的盈利能力。

---

[1] 罗珉,李亮宇.互联网时代的商业模式创新:价值创造视角[J].中国工业经济,2015(01):95-107.
[2] 王昕天,汪向东.社群化、流量分配与电商趋势:对"拼多多"现象的解读[J].中国软科学,2019(07):47-59.

(二)"免费盈利"模式的理论困惑

在近20年平台企业"免费盈利"模式的发展演变过程中,服务升级、版本分层与跨界协同确是三类主要的"免费盈利"模式。要注意的是,平台企业免费提供技术服务的现象并非国内独有,因此很早就引起了国内外学者的关注和研究,其中最被广泛接受的观点是前文已经提到过的双边用户非对称定价策略下的单边表现,[1][2]如平台企业对买方用户免费是为了利用网络效应吸引卖方用户加入平台,同时又通过对卖方用户的收费来弥补其买方用户的成本。这种脱离边际成本定价规则的双边用户非对称定价研究,与传统微观经济理论截然不同。它从用户分类的视角揭示了平台企业独特的定价逻辑,也由此开创数字经济领域的双边市场理论研究范式。

该观点虽然解释了数字经济领域绝大部分的免费现象,但许多平台企业既向买方用户免费提供技术服务,也向卖方用户免费提供技术服务,就不完全适用上述解释。此后,又有许多学者对平台企业盈利模式进行研究,主要聚焦在以下三个方面:一是对平台企业盈利模式的分类研究,将其划分为"交叉补贴"模式、"三方市场"模式、"版本划分"模式与"数据服务"模式四种类型;[3]二是不同约束条件下平台企业盈利模式的选择研究,如分析广告质量、用户黏度及信息不对称等因素,对平台企业选择免费模式还是订阅模式的影响;[4]三是对平台企业价值创造逻辑的研究。有学者指出,平台企业通过不同参与主体间的连接、互动、交换和交易来实现价值创造。[5][6]还有一些学者认为,平台企业的价值创造方式从传统工业经济的增加产品使用价值变成强化对产品使用价值的感知。[7][8]

然而,以上观点虽然对深入思考平台企业"免费盈利"模式的内在逻辑

---

[1] Rochet, J.C. and Tirole, J.. Platform Competition in Two-Sided Markets[J]. Journal of the European Economic Association, 2003, 1(4):990 - 1029.
[2] Armstrong, M.. Competition in Two-Sided Markets[J]. The RAND Journal of Economics, 2006, 37(3):668 - 691.
[3] 李海舰,田跃新,李文杰.互联网思维与传统企业再造[J].中国工业经济,2014(10):135 - 146.
[4] 周菊菊,申真,应仁仁.免费 VS.订阅:考虑广告质量的网络内容盈利模式选择[J].中国管理科学,2021, 29(07):202 - 213.
[5] 汪旭晖,王东明.平台卖家生成内容对于消费者信任的影响研究——平台企业生成内容的交互效应[J].南开管理评论,2021(04):1 - 19.
[6] 刘汕,张凡,惠康欣,等.数字平台商业模式创新:综述与展望[J].系统管理学报,2022, 31(06):1109 - 1122.
[7] 罗珉,李亮宇.互联网时代的商业模式创新:价值创造视角[J].中国工业经济,2015(01):95 - 107.
[8] 王昕天,汪向东.社群化、流量分配与电商趋势:对"拼多多"现象的解读[J].中国软科学,2019(07):47 - 59.

提供了借鉴,但尚未解释平台企业通过免费服务实现盈利的逻辑机理。或者说,平台企业通过免费技术服务赚取流量资源收益,它的驱动原因是什么？实现的机制是什么？盈利的边界条件是什么？以及在零价市场中对资源配置的作用是什么？很明显,通过探究这些问题的理论逻辑,可以更好理解平台经济的运行机理,弄清楚数字时代以平台企业为主体的流量调节和以传统企业为主体的价格调节两种核心经济机制的差异,为促进平台经济健康发展提供理论依据。

三、以服务换流量：免费服务实现盈利的内在逻辑

本部分将结合国内外案例与研究成果,提炼平台企业免费服务实现盈利的共性逻辑,并以价格机制为参照,剖析其价值创造原理和边界条件。

(一)平台企业的迂回式盈利

近年来,随着数字经济商业实践的不断发展和数字经济理论研究的不断深入,流量资源的重要性日益显现,"流量传导""流量分发"与"流量博弈"等平台企业行为选择的相关研究成果越来越丰富,这为本节解读平台企业免费提供技术服务的现象提供了新的启发。笔者认为,流量是指在特定时间区间内有能力生成(未必实际发生)的数据流,它更加强调特定场景和时间区间,重点反映用户的即时行为,包含访问量、转发量、关注人数、热搜次数等。[1]本质上讲,流量与"注意力"这一新型稀缺资源高度联系,它既是一种商业机会,也是实现商品交换价值的重要因素。从这个角度来看,不论是服务升级的盈利模式,还是版本分层的盈利模式,抑或是跨界协同的盈利模式,平台企业免费提供技术服务都是为了获取流量资源,且其收取的"广告费""交易分成费"[2]与"内容付费",在本质上都属于流量使用费用。

因此,可以将平台企业各类"免费盈利"模式与传统市场价格机制中厂商"投入要素生产产品——出售产品获取收益"的直接盈利模式(图2-1)区分开来,将其归纳为"以服务换流量,再通过流量实现盈利"的迂回式盈利模式(图2-2)。其中,流量指的是用户注意力资源,可以通过所有用户在线使用平

---

[1] 胡晓鹏,徐群利.大数据驱动与经济发展：理论机制与规制思路[J].学术月刊,2023(6):53-65.
[2] 天猫平台的技术服务费率与直播佣金,本质上都是一种交易分成费用,因为收费的标准是交易是否成功,而非是否使用技术服务,或是否进行直播。

台企业技术服务的总时长进行刻画,是数字经济领域中的一种关键性的稀缺资源。[①]一方面,流量资源总量有限,互联网的用户数量与平均上网时长的乘积为其上限,具有稀缺性;[②]另一方面,流量资源带来潜在的"交易机会",为交易达成提供更多的"交易可能性",故流量投入能够实现价值转化。[③]

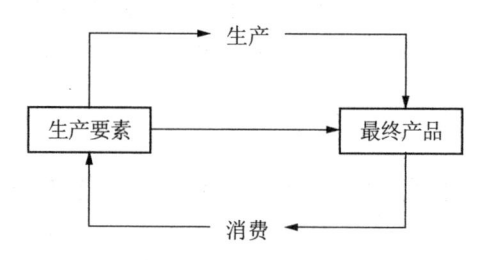

图 2-1 传统厂商"从生产到销售"模式

• 资料来源:作者绘制。

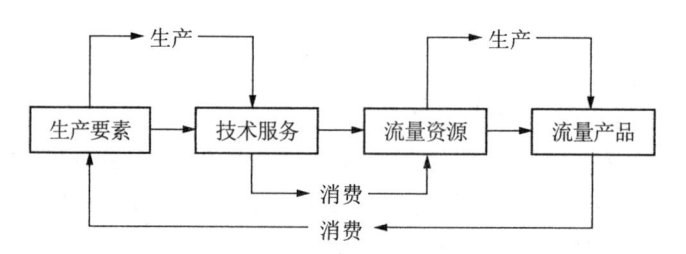

图 2-2 平台企业"以服务换流量"的迂回模式

• 资料来源:作者绘制。

在平台企业的迂回式盈利模式中,平台企业首先通过提供免费的技术服务吸引流量资源在平台集聚,如平台企业向买卖双方用户同时免费提供信息搜索服务,下单、支付和评价等交易服务,语音、视频等社交服务,都是为了集聚用户流量资源。在集聚大量用户流量资源后,平台通过收取"交易分成费""广告费""内容付费"等流量费用来获取收益,实现流量资源的"变现"[④]。如超级平台企业谷歌,其主要盈利模式就是通过免费为用户提供网页搜索等服务集聚大量流量资源,并通过流量资源获取广告收入。根据

[①] Simon, H. A. and Newell A.. Human Problem Solving: The State of the Theory in 1970[J]. American Psychologist, 1971, 26(2):145-159.
[②] 江小娟.数字经济,解构与链接——人文清华讲坛江小涓演讲实录[EB/OL].人文清华讲坛,(2020-11-22).[2023-01-22]. https://www.sppm.tsinghua.edu.cn/info/1007/5560.htm.
[③] 杨东,王睿.论流量传导行为对数字经济平台市场力量的影响[J].财经法学,2021(04):41-51.
[④] Wu T.. Blind Spot: The Attention Economy and The Law[J]. Antitrust Law Journal, 2018.

2021年谷歌母公司Alphabet公开财报,谷歌全年广告收入高达2 095亿美元,占全年总营收的81.31%。

(二)"以服务换流量"价值创造来源与机制

关键的问题是,平台企业的免费服务为何能够吸引流量资源集聚,流量资源集聚又为何能够为平台企业创造收入?

首先,免费服务通过增加买方用户效用和卖方盈利机会,实现流量资源的集聚。对买方用户而言,平台的免费技术服务可以增加自己的效用,故其会选择注册加入平台,并可以更好地将注意力聚焦在平台提供的各种信息与服务上,此时买方用户流量资源将在平台企业产生自发集聚。比如,买方用户在使用免费的网络搜索服务时,可以便捷地获得所需要的信息,同时也会浏览到网络搜索平台页面中所提供的显著信息与相关增值服务。对卖方用户而言,其可以通过免费的技术服务获得免费的交易渠道,使用免费的优质交易功能,对接更广泛的买方流量资源,有助于将潜在交易机会转化为现实交易从而增加利润规模,因此卖方用户也会选择注册加入平台,将产品服务的信息主动提供给平台企业,并在使用平台技术服务时将注意力聚焦在平台提供的各种信息与服务之中,此时卖方用户流量资源也表现出平台自发集聚现象。如果网络搜索平台同时提供交易服务,则卖方用户在交易过程中也会浏览到相关页面所提供的显著信息与相关增值服务,甚至存在着成为相关产品和服务的买方用户的可能性。网络购物、网络社交、网络媒体等平台企业提供免费技术服务实现流量资源集聚均适用于上述分析。

其次,流量资源集聚能够通过市场交易的总量扩张效应、结构优化效应和效率提升效应增加买卖双方用户的市场总剩余,[1]这三种效应是平台企业盈利的来源。由图2-3可归纳出四个影响平台企业盈利能力的因素,即均衡成交量(Q^*)、超额需求量(z)、产品多样化程度(v)以及交易便利度(T),它们与平台利润具有正相关关系,公式简化表达为 $\pi_p = f(Q^*, z, v, T)$。在这里,$z = (Q_d - Q_s)$,代表超额需求,体现对均衡价格影响。四个因素可归入流量资源集聚的三种效应,即市场交易的总量扩张、结构优化和效率提升。

---

[1] 本节所指市场总剩余为市场内所有消费者剩余与生产者利润的总和。在短期内,生产者剩余与生产者利润的差额为固定成本;在长期内,所有生产成本均为可变成本,无固定成本,故生产者剩余与生产者利润相等。为简化问题,不考虑固定成本,将生产者剩余与生产者利润视作相等。

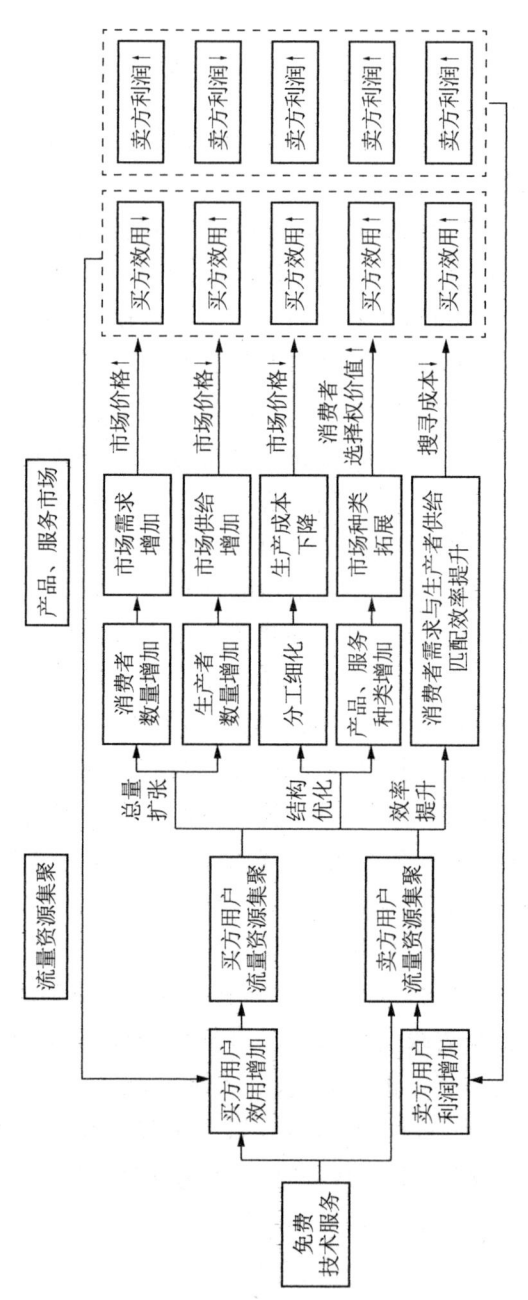

图 2-3 平台企业"免费盈利"模式的价值创造过程

资料来源：作者绘制。

总量扩张效应,特指买方用户流量资源集聚带来的平台内市场需求与市场供给的规模扩张。具体包括两类机制:一是买方用户流量资源集聚,使平台内同类产品或服务的消费者数量增加,则该产品或服务的市场需求增加,最终市场均衡时的价格存在上升趋势,对该市场内每一卖方用户的利润存在正向影响,同时对每一买方用户的效用存在负面影响可能。总体来看,由市场需求增加带来的交易总量扩张,必然导致该产品或服务的市场总剩余增加。二是利润上升也将引致该产品或服务的市场供给增加,最终市场均衡时的交易总量进一步扩张。此时,价格存在下降趋势,对该市场内每一买方用户的效用存在正向影响。必须看到,价格下降是由供应扩张引致,但由此引起的价格下降不会低于生产成本下限,所以每一卖方用户的利润也存在增加的可能。总体来看,由市场供求双向扩张带来的交易总量的扩大,必然导致该产品或服务的市场总剩余增加。

结构优化效应,特指买方用户流量资源集聚促使市场交易总量扩张,能够进一步使得市场分工细化,产品与服务多样性增加,进而提升产品生产效率与服务供给效率。①从机理上讲,卖方用户流量资源集聚,使平台内产品与服务的种类增加,不断形成新的产品或服务的交易市场,这意味着消费者拥有更加多样的选择,更有可能寻找到更能满足自身需求、提升自身效用的产品服务,从而增加消费者选择权价值。此时,在更加多样化的市场内,每一买方用户的效用将增加,每一卖方用户的利润也将因此而增加。总体来看,消费者选择权价值的增加与交易量的不断扩张将显著增加市场总剩余。

效率提升效应,指当买方用户和卖方用户的流量资源都集中在同一平台内,买方用户可以足不出户,以极少的时间成本搜寻到符合需求的产品服务;同时卖方用户也可以容易地让买方用户浏览到自身的产品服务信息。搜寻成本的降低将大大提高买方效用与卖方利润。但是随着买方用户和卖方用户的流量资源越来越多,搜寻成本将逐渐升高,影响买方用户效用与卖方用户利润。此时,平台企业可以通过提供高效的匹配机制,更好地协调买方用户与卖方用户的流量资源,使消费者需求与生产者供给匹配效率提升,降低双方的搜寻成本,从而增加市场总剩余。

---

① 亚当·斯密在《国富论》中指出,分工程度受市场范围(实质是市场交易总量)制约,市场范围扩张则分工细化,能够显著提高生产效率。

（三）平台企业的盈利边界与条件

对平台企业而言，能够向用户收取流量使用费的前提条件，就是用户通过对接平台流量资源能够获得的净效用或净利润。如网络搜索、网络社交等平台之所以能够向卖方用户收取广告费，是因为卖方用户可以通过广告对接到更多的流量资源，并基于总量扩张效应与市场效率提升效应增加自身利润。再比如，网络购物平台之所以能够向卖方用户收取交易分成费，是因为卖方用户使用网络购物平台交易能够对接到更多的流量资源，并基于总量扩张效应与市场效率提升效应增加自身利润。同时，一部分买方用户也愿意向平台支付会员费，以确保平台企业屏蔽广告信息，提供更多符合自身需求的优质的卖方用户流量资源，并通过市场结构优化效应与市场效率提升效应，增加自身效用。在交易费用极低的情况下，平台企业利润最大化的决策并非对每一买方用户、卖方用户收取相同的流量使用费，而是根据不同用户的净效用或净利润，收取不同的流量使用费，且该费用不得超过流量资源集聚所带来的用户净效用增加之值或净利润增加之值，否则用户将拒绝付费。这意味着，平台企业通过向用户收取流量使用费实现盈利，集聚流量资源所创造的双边用户的市场总剩余决定其盈利上限。

综上可知，流量资源集聚通过增加市场需求、增加市场供给、加剧市场竞争、拓展市场种类与提升匹配效率，所增加的平台内市场交易总剩余，正是平台企业的盈利上限。平台内市场交易总剩余越高，平台企业可盈利空间就越大。平台企业最终的盈利能力取决于与其他平台企业相比，增加市场交易总剩余的能力强弱，归根到底是集聚流量资源的能力强弱。

那么，平台企业一旦实现流量集聚，它的盈利能力是否还会发生变动呢？我们认为，流量资源处于循环反馈的动态变化之中，故平台企业的盈利能力并非一成不变。事实上，流量资源集聚存在正反馈效应，即随着买方用户效用的增加和卖方用户利润的增加，平台内集聚的买方用户流量资源和卖方用户流量资源也会越来越多；而流量资源越多，则市场交易的总量扩张、结构优化与效率提升所带来的买方效用与卖方利润就越多，由此循环反馈，平台企业的流量资源将持续增加，平台企业的盈利上限也将不断提升。但需要注意的是，在正反馈效应作用过程中，存在两条弱化的负向链路。一条是消费者数量急剧增加短期会推升市场价格，导致买方效用减少，出现阻断买方用户流量资源集聚的力量。但因价格上升会带来卖方利润增长，加之分工细化、市场种类拓展、匹配效率提升等其他因素促进卖方利润增长，这些会进一步加速卖方用户流量资源集聚，在竞争加剧的情况下促使市场价格回落，进而提升买方用户效用，故有利于持续集聚买方用户流量资源。另一条负向链路是，卖方用户流量资源集聚加剧市场竞争，会导致价格下降，通过削弱卖方利润阻断卖方用户流量资源集聚。在该过程中，若买方用户流量资源集聚的速度快，市场需求增加将有助于稳定市场价格，可使卖方用户流量资源持续集聚；或者卖方用户流量资源集聚提升产品种类和服务的多样性而非加剧竞争，则使卖方用户流量资源持续集聚。

由于同一时段的流量资源总量有限，在平台企业发展过程中，流量资源的导入必将由高速转向低速。在流量资源高速增长过程中，买方用户急剧增加导致价格上升，将会因为大量卖方用户参与竞争而得到缓解；卖方用户急剧增加导致价格下降，将会因为大量买方用户参与交易得到缓解。因此，产品、服务的市场价格能够维持动态稳定，免费技术服务带来的流量资源将在买、卖双方用户正反馈的动态循环中不断增长，平台企业的盈利空间也将不断增长。但当单边流量资源的增长速度显著放缓以后，如果买方用户流量资源逼近极限，[①]此时卖方用户激烈竞争导致价格下降，将难以依靠动态循环机制对冲缓解，卖方用户的利润下降将使得平台企业对卖方用户的吸引力显著下降，卖方用户导入的增速也将随之下降，平台企业的流量资源将会逐渐稳定下来，平台企业的盈利空间也由此确定。此时，决定平台企业盈利能力的关键因素就是产品服务的多样性程度。若卖方用户流量资源集聚带来的是多样性增加而非竞争加剧，则卖方利润增加，平台企业的盈利能力也将相应增加。

综上所述，可将结论概括为三点：一是免费技术服务能够提供的效用与获利机会，决定着平台企业集聚流量资源的能力；二是平台企业集聚流量资源的能力决定其盈利能力，集聚的流量资源能够通过增加市场需求、增加市场供给、加剧市场竞争、拓展市场种类与提升匹配效率，增加买卖双方用户的市场总剩余，形成平台企业的盈利来源；三是在平台企业的发展过程中，平台企业的盈利能力会因流量资源集聚的正反馈效应而持续提升，且平台企业需要通过持续拓展产品服务种类、细分产品服务特质，实现多元化、多

---

① 更加糟糕的情况是，其他参与市场竞争的平台企业提供更为优质、更富有吸引力的技术服务，买方用户与卖方用户使用该平台技术服务的机会成本将被显著抬高，则平台的买方用户流量资源与卖方用户流量资源将陷入"负反馈效应"，快速流失。

层次运营,来缓解卖方用户流量资源集聚带来的激烈竞争,以进一步提升平台企业的盈利能力。由此可见,"淘宝系"平台服务升级、版本分层、跨界协同的盈利模式创新,正是其通过多元化、多层次运营,提升盈利能力的策略表现。

四、数据与流量驱动的有效供给：零价市场的资源配置原理

零价市场特指商品或服务免费提供,交易双方不以价格作为成交基础的市场。数字时代零价市场是常态,此时,传统价格机制驱动资源配置的方式失效,替代而来的是数据与流量交互作用下的供给优化驱动资源配置,完成从关注有效需求到聚焦有效供给的转换。

(一) 价格机制失效与技术服务决策

在传统微观经济理论中,市场价格机制的原理是边际利益均衡机制。[1]在这一过程中,稀缺资源会流向边际收益较高的用途,流动会使资源在各用途内的边际收益趋于相等。此时,资源配置效率达到所谓"帕累托最优"。但在数字经济领域中,当平台企业免费提供技术服务时,因为市价为零,平台企业无法从消费者愿意支付的市场价格及其变动中获得市场信息,所以平台企业在做出这些决策时没有可以参考的市场价格信号。同样,平台用户是否使用网络技术服务？选择哪一个平台企业的何种网络技术服务？使用多久的网络技术服务？这些问题都无法通过边际效用与市场价格的比较进行解答。

对平台企业的"迂回式"盈利模式而言,其实质是"先养羊再薅羊毛"的过程,但流量资源"变现"仍遵循市场价格机制。具体而言,一旦集聚大量流量资源形成跨市场的优势地位,流量资源的价格就由垄断流量资源供给的平台企业和具有流量资源需求的大量用户在市场竞争与市场交易中确定,同时流量资源的价格也决定着平台企业的流量资源供给之量与用户的流量

---

[1] 所谓边际利益均衡机制是指,以效用最大化为目标的理性消费者在边际效用递减规律的约束下形成与市场价格反向变动的市场需求,以利润最大化为目标的厂商在边际产量递减规律的约束下形成与市场价格同向变动的市场供给,承载市场供需信息的价格信号,作为"看不见的手"配置稀缺资源,使供给与需求在动态变化过程中能够始终围绕市场均衡状态不断进行调整。

资源需求之量。在流量资源的供需市场中,数字技术带来的变化主要体现在对市场价格机制效率的改进,如实时竞价方式(RTB)对传统广告合约的替代,克服了非现场交易(特别是非现场讨价还价交易)的不便等,[1][2]而非对市场价格机制的替代。

从理论上讲,平台企业的技术服务供给实质上是流量资源供给的派生供给,这似乎和传统经济学的要素配置原理雷同,即生产要素的均衡需求量在生产要素的边际产出与边际成本相等处确定。然而,市场价格从流量资源市场传导至技术服务市场的渠道会出现被阻断的情况,导致传统经济学分析失去解释能力。具体解释如下,平台企业技术深知流量是其盈利的关键资源,流量虽然不能确保每一个电商获利,但作为电商集合体的平台则因为汇集众多电商现出确定的盈利能力,而且流量越多,平台盈利空间就越大。假设流量对平台的平均回报率为P_{tra},这也是流量资源价格的度量标准。由于流量产生于免费技术服务(T),设技术服务的单位成本为C_0,接下来,我们可以从盈利机制上进一步阐释。由前文可知,影响流量规模变动的因素取决于免费技术对买卖双边用户效用的作用,则流量规模的公式可以标书为L(U(T)),则平台为了获取最大的利润,必有如下方程式:

$$\text{Max } \pi = P_{tra} \times L(U(T)) - C_0 \times T$$

对此方程求解,可得最优解为平台企业对免费技术的供给量必须在技术服务的边际成本(C_0)与边际收益(MP_{tra})相等处确定,这里的技术服务边际收益体现为边际流量(等于$ML_u \times MU_T$,意味着每增加一单位技术服务带来的用户效用增长进而引致流量资源增加)与流量资源价格(P_{tra})的乘积。由此可见,技术服务供给应当随着流量资源价格的提高而增加。或者说,流量资源市场的供需变动应该能够通过流量资源价格传导到技术服务市场,最终影响技术服务的供给。但是,从平台经济实践考察,价格根本无法从流量资源市场传导至技术服务市场,传统理论在这个问题上出现失效,主要原因有三:一是网络效应导致技术服务的边际流量递增;二是流量收入具有跨市场特征,MP_{tra}很高;三是平台企业可重复使用技术,技术服务的边际成本很低。因此,随着平台商品种类的增多,流量资源的边际收益将快速提高,

---

[1] Wang J, Zhang W, Yuan S. Display Advertising with Real-Time Bidding(RTB) and Behavioural Targeting[J]. Foundations and Trends in Information Retrieval, 2017, 11:4-5.
[2] 俞宁,武华君,杨晓光,孙宁.数字经济中的拍卖和匹配机制设计[J].北京交通大学学报(社会科学版), 2021, 20(04):23-33.

此时不可能出现边际法则下的利润最大化最优解。这种情况下，平台企业不会像传统企业那样进行边际决策，只能依据做大流量资源、跨界拓展流量使用，提高流量回报率的方式提升潜在利润，这一现象在现实中也得到印证。[①]因此，平台企业只能从持续上涨的流量资源价格这个市场信息中展开经营决策，即"通过技术服务吸引的流量资源越多越好"。

综上所述，对平台企业而言，技术服务市场本身是零价市场，无法通过技术服务价格来获得市场供需信息；技术服务虽然是流量资源的派生供给，但无法通过流量资源价格获得足够的供给决策信息。那么，"怎样的技术服务才能够吸引最多的流量资源，以实现利润最大化"这个问题便涉及数字经济时代的资源配置方式。

（二）数据驱动的有效供给与资源配置机制

平台企业以流量资源最大化为目标，实现的方式是数据驱动。本质来讲，数字时代，无论表现为数值、符号还是文字、图片等的数据，它都是承载信息和知识的重要载体。平台企业正是运用"数据驱动供给优化"的决策，实现了价值创造，即将数据转换为有效决策所需要信息与知识，从而让它产生价值。[②③]

按此逻辑延伸展开分析，用户数据通过算法等方式改善用户效用，实现流量聚集；反过来，流量扩大了数据的存量规模，再进一步改善用户效用，如此循环往复，达到流量最大化的目标。正如此前学者[④⑤]研究显示的那样，基于技术服务而沉淀的用户数据相比调研所获的信息更加真实可靠，而作为市场需求者的平台用户，其状态与行为选择的数据记录中隐含着大量的"市场需求相关的信息与知识"。在数据和流量相互作用的过程中，将带来有效供给水平(规模和结构)的提升，进而实现供求关系一体化，即平台企业促成了供求均衡的精准匹配；很明显，供求关系的精准匹配是对资源配置效率的极大改善，具体传导机制如图 2-4。

[①] 王勇,刘乐易,迟熙,张玮艺.流量博弈与流量数据的最优定价——基于电子商务平台的视角[J].管理世界,2022,38(08):116-132.
[②] Brynjolfsson, E., and K. McElheran. The Rapid Adoption of Data-Driven Decision-Making[J]. American Economic Review[J]. 2016, 106(5):133-139.
[③] Agrawal, A., J. Gans., and A. Goldfarb. Prediction Machines: The Simple Economics of Artificial Intelligence [M]. Boston: Harvard Business Review Press, 2018.
[④] 胡晓鹏.马云现象的经济学分析[M].上海：上海社会科学院出版社,2016.
[⑤] 杨东,王睿.论流量传导行为对数字经济平台市场力量的影响[J].财经法学,2021(4):41-51.

图 2-4　数据和流量交互作用的资源配置原理

• 资料来源：作者绘制。

理论上看，在传统的宏观经济理论中，扩大有效需求是驱动经济增长的关键，许多经济政策也都是围绕扩大需求开展，这也是过剩经济背景下宏观经济管理的核心。然而，供给和需求从来都是经济运行的一体两面，正是因为供给结构或者供给无法匹配需求，才导致有效需求不足，核心的解决办法是提升有效供给水平。毫无疑问，平台企业的经济调节方式便是使用了供给优化的手段，这当然也符合平台企业利益最大化的要求。在调节过程中，平台企业主要通过对用户数据的集成、分析与挖掘，得到技术服务的市场需求信息与知识，从而展开优化下的资源配置方式，主要表现为三类机制。

一是用户数据驱动的精准匹配机制，即了解用户当前需求，给予即时的精准供应。由于不同用户的偏好不同、收入不同，其服务需求也不同，因此平台企业会根据用户数据分类，预测用户偏好、评估用户收入，从而针对不同用户需求，提供精准的技术服务，精准匹配技术服务与异质用户。以电子商务平台淘宝"千人千面"的搜索推荐服务为例，通过用户数据分析，对影响用户需求的关键特征进行提炼与归类，一方面赋予同类用户相同标签，另一方面赋予符合该类用户需求搜索与推荐结果（如店铺或产品）相同的标签，最终在搜索推荐服务中将同类用户与同类结果进行精准匹配。分类越精细，则技术服务的个性化特征越突出，技术服务与平台用户的匹配越精准。极端的情况是每位用户自成一类，每位用户使用搜索推荐服务所得结果均不相同。该机制实质上是由数据驱动的基于用户异质需求的市场细分，通过细分市场提升异质用户效用。

二是用户数据驱动的动态调整机制，即了解用户潜在需求，给予超前的精准供应。由于用户需求不是一成不变的，因此平台企业会对用户数据开展动态追踪，实时捕捉用户需求的变化，动态改进现有技术服务质量。以社交平台脸书为例，其工程师哈默巴赫尔应扎克伯格要求，构建了"跟踪用户鼠标点击的系统"，系统记录用户的光标会在什么地方停下，什么样的页面排版最吸引人，让用户停留的时间最长。所有的鼠标点击、页面停留、光标游走信息都会经过过滤筛选,仔细检查。在这个过程中,最吸引人的内容会被保留下来,其他的则被扔进数字垃圾箱。技术服务会根据用户行为选择的实时反馈不断地优化,以增进其用户"黏性"。该机制实质上是由数据驱动的基于需求动态变化的供给调整,通过调整供给持续提升用户效用。

三是用户数据驱动的市场创新机制,即创造新的供给,让用户接受。实践中,用户需求并非总能被供给者洞察,并非总能通过市场获得满足,于是平台企业会根据用户数据挖掘,抢先开拓新的技术服务市场,形成信贷市场创新。对此,麻省理工大学斯隆商学院与瑞士国际管理发展学院在"战略创新驱动计划"中发现,"未被满足的需求"是创新的最大动力。平台企业通过对用户数据的深度挖掘,能够抢先发现潜藏在用户行为逻辑中但尚未经市场传达的需求信息与知识,从而抢先开拓新的技术服务市场。更为重要的是,在低边际成本、网络效应和流量资源的跨市场传导的马太效应驱使下,平台企业抢先开拓新的技术服务市场的收益极高。以搜索平台谷歌为例,谷歌最初只提供网页搜索查询服务,但在成立5年后,收购整合了两家地图机构,构建了谷歌地图的版图,最终获得了巨大的创新红利。[①]该机制实质上是由数据驱动的基于"未满足的需求"的市场创新,通过新的技术服务提升用户效用。

(三)资源配置的可能边界大幅拓展

简而言之,平台企业通过调整不断匹配于消费需求,不断驱动有效供需均衡,此时成交规模的扩张和全社会福利的改善程度就是资源配置边界的扩张水平。另外,与技术服务投入相关的资源如人力资本、货币、技术知识等,其使用数量和用途也将被确定下来。更重要的是,作为派生供给的技术服务市场资源配置被确定下来的同时,流量资源的平台归属权也被确定了下来。与传统市场价格机制决定的资源配置相比,平台企业实现的资源配置可能性边界具有以下三个基本特性。

第一,资源配置可能边界的扩张,不是供需双方调整的结果,而是供给

[①] 该市场拓展的战略决策来自谷歌在搜索数据分析中所洞察的市场需求,即在谷歌"所有搜索查询中,有25%是地图搜索查询",如"奥斯汀最好喝的玛格丽塔酒""新奥尔良现场音乐演出地点""在邮编78636附近心脏病发作"之类的搜索占据了近1/4的流量。最终,基于免费的谷歌地图服务,产生了Yelp、Zillow、TruLia(美国房地产搜索引擎)、Hotels.com(好订网),以及后来的优步和Lyft(来福车)等几十个成熟的、价值数百万美元(甚至数十亿美元)的企业。

更好满足需求、更好激发潜在需求、更好创造未知需求的结果,符合供求双方利益。在资源配置过程中,作为供给者的平台企业能够通过用户数据分析得到市场需求信息,并据此作出生产决策。更深层次看,因为平台企业实现利润最大化的方式是集聚最大化的流量资源,而要集聚最大化的流量资源,就要不断增进消费者效用。因此,供给者利润最大化的决策必须符合消费者效用最大化的决策,而并非在传统市场价格机制中社会福利给定前提下的价格之争。[①]由此可见,在"以服务换流量,再以流量配置获利"的迂回式盈利模式中,作为供给者的平台企业向用户提供免费技术服务时,与作为消费者的平台用户不再是市场中价格对立的两方。

第二,不是通过滞后的价格信号逐渐传递,而是通过数据实时分析提前预判。在市场价格机制中,价格信号总是滞后于供需双方最终的均衡结果。[②]但在用户驱动的资源配置机制中,通过用户数据分析,平台企业决策可以省去价格信号作为中介变量的传导过程,直接捕捉到消费者的需求信息,甚至有时消费者都还未能觉察自身需求时,平台企业的服务就已及时提供。

第三,不是相对单一的产量决策,而是包括质量提升与种类拓展等多个维度。在市场价格机制中,价格是数量的决策依据。现实的情况却是,稀缺资源与产品服务都不仅仅体现为数量这一个维度,但因为质量衡量比较困难,所以常常以价代质,使市场价格成为衡量质量的标准。比如同样数量的产品质量更高,则价格更高。但若缺乏有效的质量鉴别方法,则高价产品未必质量更高,此时市场价格所能传递的信息极为有限。但用户数据驱动的资源配置中,却可以传达包括质量在内的多维度信息,如针对平台用户的差异需求、动态需求与未满足需求,平台企业可以做出精准匹配、质量提升与种类拓展等多维度的供给决策。

综上所述,聚焦平台企业免费向用户提供技术服务这一数字经济领域的现象,本章分析了平台企业"以服务换流量"的迂回式盈利模式及其价值

[①] 如一单位商品或服务,消费者从中能获取的最高效用扣除厂商的生产成本,所余不变,定价高则厂商利润高,定价低则消费者剩余高。

[②] 在传统经济学理论中,价格信号是在无数分散的买者与卖者讨价还价的行为过程中逐步扩散和确定的。比如,出于某些特殊原因,A物品的需求量突然暴涨,消费者纷纷排队抢购,厂商见库存不够、生产不及,故而涨价。此时价格上涨所传达的信息滞后于消费者抢购之后。厂商发现价格上涨,预期利润增加,故而增加A物品的生产,此时厂商的生产决策又滞后于价格信号。

创造过程,并详细分析了用户数据驱动的资源配置机制,精准回答了"为什么会取代市场价格机制,又是如何取代市场价格机制"的问题。

通过研究可知,一方面平台企业的技术服务决定其集聚用户流量资源的能力,进而通过总量扩张效应、结构优化效应与效率提升效应,决定其盈利能力;另一方面,平台企业技术服务市场为零价市场,且无法通过流量资源价格传递足够的市场信息,其资源配置由用户数据驱动的精准匹配机制、动态调整机制与市场创新机制协调决定。此外,与市场价格机制相比,用户数据驱动的资源配置机制,引起最优资源配置的可行性边界大大拓展,以需求为中心的决策目标、更高效的决策过程、更丰富的决策维度,都使资源配置结果更加理想。平台企业能够针对异质用户的需求、动态变化的需求与未能满足的需求,为平台用户提供更加有效的技术服务,最终的结果是稀缺资源会被配置到更能增进平台用户效用的用途中去;流量资源也将集中于更能增进消费者效用的平台企业。由此获得的启示是:

第一,要规范流量竞争行为,确保平台企业良性竞争。平台企业免费提供技术服务是为了集聚流量资源,流量资源的多少将决定平台企业的盈利能力。现阶段我国流量资源竞争已从增量竞争变为存量竞争,这导致了平台企业之间流量屏蔽、流量造假等乱象层出不穷,严重破坏了平台企业的竞争秩序,扭曲了数字经济领域的资源配置结果,亟须予以规制。

第二,要加快构建数据交易市场体系,充分释放稀缺资源配置潜力。在数字经济领域中,用户数据的数量与质量决定着资源配置效率,而建立数据交易市场体系,将为平台企业提供更大范围、更广维度的用户数据,从而提升平台企业的资源配置效率。

第三,要深入研判非价格资源配置机制,转变市场监管思路与方式。目前,学术界关于非价格资源配置机制的研究成果较少,尚不足以支撑传统价格中心范式的市场监管思路与监管方式进行转型升级适应实践发展的要求。如在用户数据驱动的资源配置体系中,用户流量与用户数量均掌握在平台企业内部,基于算法的技术服务供给决策只见结果不见过程,政府部门既缺少理论指导,又缺乏技术路径,无法直接介入资源配置过程以保障资源配置的公平与效率,监管主动权丧失,亟须加强研究推动监管转型。

第三章
流量时代：铺天盖地的电商零售平台

《"十四五"电子商务发展规划》中指出,电子商务是通过互联网等信息网络销售商品或者提供服务的经营活动,是数字经济和实体经济的重要组成部分。作为电子商务活动的重要载体,网络电商平台为电子商务活动提供了必要的网络基础设施、支付平台、安全平台、管理平台等共享资源,以此保证人们能够高效率、低成本地开展商业活动。目前,全球各大电商平台销售额约为5.7万亿美元,规模从2014年至2022年几乎增长了3倍。在我国,2023年上半年网上零售额达到7.16万亿元,同比增长13.1%。由此可见,网络电商平台日益成为促进国内外商贸活动的重要助推力。

一、按交易对象分类

纵观电商零售平台的发展史,在产业链供应链不断延伸、科学技术水平进步等因素的推动下,个人、企业在时代的洪流中纷纷"进场",新的电商零售交易模式纷纷涌现,尤其是伴随着数字化、网络化、智能化进程不断加快,互联网也将线下销售、运营逐步融入电商零售平台,为消费者创造了全新的消费体验。

（一）B2C电商平台

B2C是商家或企业在互联网的基础上直接面向消费者销售产品和服务。伴随着互联网技术的发展和普及,B2C电商平台从20世纪90年代开始逐步发展壮大。

1. B2C电商平台逐步走向个性化和智能化

1994年亚马逊公司的成立开创了全球范围内B2C的先河。1999年,中国第一个B2C电商平台8848成立,紧随其后淘宝、京东、天猫、苏宁易购等平台相继上线。进入21世纪后,互联网快速普及,消费者的网购意识和习惯逐渐养成,我国的 B2C 电商平台已经形成了以淘宝、天猫、京东等为代表的大型综合平台和以国美、苏宁、拼多多等为代表的单品类、细分市场平台并存的格局。同时,伴随着移动互联网的普及,B2C 电商平台也开始向移动端拓展,推出了手机客户端,满足消费者随时随地购物的需求(表 3-1)。

表 3-1　B2C 电子商务平台的四个阶段

发展历程	时间	此阶段成立的主要 B2C 平台
初期阶段	1994 年—20 世纪末	亚马逊、Ozon、8848 等
快速发展阶段	21 世纪初—2010 年	淘宝、京东、苏宁易购网上商城、速卖通等
成熟阶段	2011 年—2020 年	天猫、Wish、Lazada、Shopee、Coupang 等
智能化阶段	2020 年至今	抖音电商、Temu 等

• 资料来源:作者整理。

2. 创新性的 B2C 电商平台经营模式层出不穷

其主要经营路径如下:

（1）入口网站(Portal)

入口网站多用于互联网的门户网站和企业应用的门户系统,它通常作为互联网用户上网的起点并为其提供各种服务,如搜索引擎、新闻、电子邮件、社交网络、购物等。这些网站通常会提供各种类型的内容和服务,以吸引尽可能多的用户访问,为用户提供全方位的互联网体验。在国内,电商平台入口网站主要有淘宝、京东、天猫、苏宁易购等,这些入口网站的特点是覆盖面广、商品齐全、价格透明、物流配送快等,是消费者进行网购首选的平台。同时,这些电商平台的入口网站还为商家提供了丰富的资源和支持,如店铺装修、商品展示、物流配送、支付结算等服务,这些特点使得入口网站成为商家展示和销售商品的重要渠道。

（2）虚拟社群(Virtual Communities)

虚拟社群是通过互联网连接起来的人们突破地域限制,进行交流与沟通、分享知识与信息,从而形成相近兴趣爱好或情感共鸣的关系网络。虚拟社群突破了传统的社群划分方法,例如地域、种族、行业等,借助互联网的便捷沟通,使具有共同兴趣或需求的人在网络空间内形成群体。在国内,虚拟社群广泛地应用于各种电子商务领域,如电子商务平台、社交电商、内容电商、在线游戏、媒体和社交网络等。微信、QQ、知乎、淘宝论坛、豆瓣等社交平台和虚拟社群已成为电子商务中不可或缺的一部分，对于电商企业来说，虚拟社群可以更好地建立品牌形象、增加用户黏性和提高用户体验。

（3）交易聚合（Transaction Aggregators）

电子商务的交易聚合是指一种将多个交易市场、零售商、支付系统、第三方服务提供商等整合起来的平台，并为用户提供统一的支付集成和交易管理服务。交易聚合通过技术手段，将多种支付方式整合在一个平台上，涵盖了信用卡、借记卡、预付卡、电子货币、支付宝、微信支付、银联在线支付等多种支付方式，实现了支付的一站式服务，降低了消费者和商家的交易成本。此外，交易聚合还可以通过数据采集和分析，为商家提供销售数据和市场信息，帮助商家更好地制定销售策略和管理风险。在国内市场上，阿里巴巴的支付宝、腾讯的微信支付、京东的聚合支付等都是具有代表性的交易聚合平台服务商。

（4）广告网络（Advertising Network）

广告网络也叫"在线广告联盟"，是由多家网站或广告机构组成的联盟，旨在为广告主和网站提供一种联合销售广告。广告主可通过广告网络的平台，选择自己的目标受众和广告投放的区域，投放的广告会在合作的网站和应用程序中展示，从而达到品牌宣传、产品销售等目的。广告网络平台则会收取一定的佣金或分享广告收益。目前常见的广告网络有搜索引擎广告、横幅广告、原生广告、视频广告、社交媒体广告等。在国内，腾讯广告联盟、百度推广、阿里妈妈、新浪微博等广告网络平台已经成为市场的主流，并且不断进行技术创新和升级，提高投放效果和收益。

3. B2C 电商平台的功能更加完善健全

B2C 平台为用户提供了大量的商品信息，方便他们选择需要的产品，并提供详细的介绍和说明，用户可依据此了解到更多信息。

（1）易于用户选购商品，轻松获取商品报价

B2C 平台能够提供实时的库存和价格信息，帮助用户及时了解商品的变化情况，保证用户在购物时能够掌握最新的商品信息和价格，用以满足用户的需求。

(2) 降低商家仓储成本,减少商家门面费用

B2C 平台提供在线销售服务,它不同于传统实体店,不需要投入高昂的门面费用,降低了商家的开支。商家的库房也可以不必设置在市中心,而是放在成本较低的区域,从而极大地降低商家的仓储成本。除此之外,平台还能利用其物流服务和优势资源帮助商家进行存货和物流管理,让商家能够更专注于营销和销售。

(3) 跟踪用户消费行为,帮助商家制定营销策略

B2C 平台可以对用户的购买行为和偏好进行分析,并提供实时分析和报告,帮助商家更好地了解消费者的需求和喜好,并制定更有针对性的营销策略。平台还可以提供个性化、定制化的推荐和促销活动,以满足不同消费者的个性化需求,达到商家的营销目标,促进消费者和商家保持长期稳定的合作关系。

(二) C2C 电商平台

C2C 电商平台是指个人之间进行的电子商务交易,即"消费者对消费者"的交易形式,其英文简称为"Customer to Customer"。这种"个体对个体"的模式将卖家和买家通过网络联系起来,让他们能够在平台上展示自己的商品并完成交易。

1. C2C 电商平台的运营环境日益完善

世界上最早的 C2C 电商平台是 eBay,它于 1995 年在美国成立。在中国,C2C 电商平台的起步阶段是在 2003 年。淘宝的成立正式开创了我国 C2C 电商平台的历史。2005 年,随着支付宝上线,交易结算环节的问题得到很大改善。与此同时,淘宝又先后推出了"全国人民都在用的淘宝网""淘宝商城"等商业战略布局,以此进行品牌推广和发展。2007 年,淘宝推出"店铺装修"功能,使得商家对店铺的管理更加方便和自由。此后,淘宝开放了 API 接口,进一步推动了 C2C 电商的发展。2010 年以后,微信等社交媒体的出现,以及移动互联网应用推广的风潮,对 C2C 市场起到了巨大的推动作用。同时,淘宝还推出了"淘宝开放平台",允许开发者基于淘宝的平台进行开发,进一步强化了淘宝作为电商平台的核心竞争力。为了保证平台交易的安全和稳定,淘宝还引入了商家信用档案、人脸识别等技术和功能,进一步提高了平台的安全性和可靠度。随着我国电商市场的政策调整和竞争格局的变化，更多的 C2C 电商平台根据市场需求，不断优化和改进了平台的服务方式和服务内容。

2. C2C 电商平台"以人为本"的运营特点

主要体现在以下几方面：

(1) 更注重消费者群体的专业性和个体需求

C2C 交易注重消费者群体的专业性和个体性，因此更能满足消费者的核心需求。C2C 电商平台可以迅速响应消费者的实时需求，并为其提供具有针对性的服务，进而大大改善用户的购物体验。

(2) 提供完善的筛选功能和自动化处理机制

C2C 电商平台的核心就是消费者本身，所有的交易信息都来自消费者。消费者信息、虚拟商品信息以及消费者评价信息错综复杂，在潜移默化间提升了平台的处理难度。为了更好地完善管理应用程序，平台通常会提供完善的搜索和筛选功能，这些功能不仅减轻了平台的运营负担，也提升了平台运营的效率。

(3) 低廉的交易成本和交易形式的多元化

C2C 电商平台的另一个显著特点是交易的低门槛，这也是 C2C 电商平台的一项重要优势。C2C 交易基于个人与个人交流，而不是企业与消费者之间的交流，可以让个人有机会进行自己的业务活动。同时，平台整体结构很简单，因此个人在线上建立交换平台的门槛很低。

3. C2C 与 B2C 电商平台的区别

两者的主要区别如下：

(1) 不同的交易对象与商品特性

B2C 电商平台主要是企业对消费者的交易，而 C2C 电商平台则是消费者间的交易；B2C 平台主要通过品牌和口碑来吸引客户，而 C2C 电商平台通过消费者自身的优势来吸引其他消费者。与此同时，B2C 平台主要提供标准化的产品和服务，消费者可以在网站上直接下单购买所需的产品和服务，但是 C2C 电商平台主要提供非标准化的商品，这些商品可能是处理品、二手产品、稀缺商品或是非正常渠道的产品,因此C2C电商平台主要是一个消费者之间分享和交换商品的平台。

(2)不同的平台功能和运营逻辑

从功能上来看,B2C电商平台通常具备商品信息中介、商品配送中心、提供个性化服务以及用户管理等功能,C2C电商平台更强调广泛地吸引用户,提供较为丰富的产品。C2C电商平台的价值在于为消费者提供一个更开放、低成本并且便捷的交易环境,更注重交互体验、社群活动和信任机制等。同时,由于交易模式的差别,B2C和C2C电商平台也呈现出不同的运营逻辑,即B2C更倾向于让"人找货",而C2C则是商家把商品放在平台上让"货找人"(表3-2)。

表3-2 B2C和C2C电商平台的底层逻辑

B2C电商平台	描述	C2C电商平台	描述
(1)查询商品	用户通常通过搜索引擎、入口网站或社交网络等渠道寻找到目标B2C网站。进入目标网站后,用户可以使用网站提供的各种筛选工具来适应其需求,例如按价格、按品牌、按评价等排序	(1)登记商品	商家(卖家)需要将自己的商品登记在社群服务器上,并进行适当的描述和价格设定。一般来说,平台会要求用户提交一些必要的证件和信息以保证商品的真实性和可靠性。这是一个关键的环节,卖家需要提供清晰的商品信息和图片,以吸引客户的注意力,此外,也需要适当的定价,以保证声誉和市场地位
(2)填写资料	消费者购买商品或服务时需要在B2C网站上填写订单相关信息,包括个人和支付的详细信息,以便于为客户提供有效的服务和交易记录。在提交订单前,消费者需要确认订单相关信息,以确保订单准确无误	(2)检索商品	在C2C电商平台上,消费者可以通过入口服务器搜索并获取所需商品的详细信息,包括价格、配送方式、卖家评分等。在搜索到所需商品后,用户可以对其进行筛选、比较和选择,以确认自己的需要和购买倾向
(3)发起认证	填写完订单信息并确定需要购买的商品或服务,交易平台将订单信息发送给企业端并向其他相关认证机构发送相应的信息。订单资讯可能需要被发送到各种机构,例如信用卡公司、银行、运输公司等	(3)购买商品	购买商品是一种交易行为,需要进行交易双方的信用和合法性审查。对于卖家,需要提供相关身份和信誉证明,例如有效的身份证明、交易记录等。买家一般需要一个注册账户,并提供相关身份信息和支付凭证等。在购物前,消费者通常会先查看卖家的评价,选择评分高的卖家以获得更好的服务和保障
(4)完成认证	B2C网站需要通过收单银行授权,以确认汇款金额是否被认可,并确保消费者的账户安全。一旦经过授权确认,交易平台将收到相应的授权信息,并向消费者提供订单确认信息	(4)资料维护	资料维护是对C2C交易过程中涉及的信息和资料进行整理、记录和归档的过程。这可以包括订单号、交易日期、交易方式、发货配送信息等。卖家需要在成功完成交易后通知买家信息更新,包括发货日期和物流信息,以确保货物能及时准确地被买家收到

续表

B2C电商平台	描述	C2C电商平台	描述
（5）物流配送	商家将订单资料传送到物流平台，通知销售部门或物流公司完成配送，并且为消费者提供物流信息。物流平台需要为商家提供仓库、运输部门和物流解决方案，以确保商品按照客户要求准时到达	（5）认证并付款	认证并付款是交易的最后一步，此步骤需要对交易双方的身份信息和交易货款进行核对和确认。在确认双方身份和交易金额后，买家可以选择支付渠道，例如信用卡、支付宝等，直接在平台上完成支付过程。平台通常会保证交易安全和支付账户的安全性，避免出现交易纠纷或双方信息泄露等问题
—	—	（6）物流配送	消费者可以在C2C电商平台上选择合适的配送方式，例如快递、物流或自取等。当货物收到时，买家需要进行相关的签收程序，并检查是否符合所设定的要求和质量标准。如果出现退货或售后服务的问题，平台会提供相应的处理机制，以确保消费者的权益和交易的公平性

• 资料来源：作者整理。

（3）不同的配送方式

B2C平台拥有自己的物流系统，通过物流中心配送商品。在这个模式下，用户一般只需要在平台上下单就可以完成购买。C2C电商平台的物流系统则十分灵活，基本上都采用第三方物流，消费者和卖家互相协商选择合适的物流渠道完成配送。在这种模式下，物流是整个C2C电商平台的支撑，为消费者和卖家提供交易保障和体验，保证商品和货款能够如期到达。

（三）O2O电商平台

O2O电商平台是电商模式的发展，它将线上平台和线下商业实体有效结合，让消费者在享受线上优惠价格的同时，又可享受线下的贴心服务。

1. 从业务的融合到功能的融合

O2O电商平台最大的优势是力求让消费者同时享受线上的优惠和线下的体验感，满足消费者更高层次的购物诉求。O2O模式还可实现不同商家的联盟，将包括点击广告、SEO（搜索引擎优化）、社交网络、内容营销、代金卡等多种渠道在内的多种销售方式进行深度整合，实现企业转型、升级和跨界运营的更大发展。我国O2O的起步阶段可以追溯到2010年左右。当时，一些生活服务O2O平台如糯米网、58到家等开始崭露头角。2012年，阿里巴巴将旗下淘宝业务拓展到O2O领域，推出"淘宝到家"服务。这些平台主要提供家政、维修、外卖等服务。2014年,美团、大众点评相继进行了合并,完成了美团从单纯的外卖业务到全方位生活服务的转型。同一时间,百度外卖、苏宁易购、滴滴打车等其他大型O2O平台也纷纷崭露头角。现阶段,我国O2O行业已经进入成熟阶段。在平台之间的激烈竞争中,O2O企业开始加强整体的服务体系建设,力求更高品质的服务及交付体验。此外,O2O企业不断拓展业务范围,向"新零售"等方向发展。

2. O2O电商平台不同融合方式的优势特点

具体如下:

(1)"线上—线下"融合

"线上—线下"是最常见的O2O融合方式,它的特点是消费者可以在线上购买商品或服务,接着到线下的实体店面取货或进行消费体验。这种模式的形成,主要基于线上平台的优势和线下店铺的优势,使消费者从线上平台上便捷地选择所需要的商品或服务,同时又不失去线下消费场所的实体体验,增强购买的信任度和消费的满意度。

(2)"线下—线上"融合

在这种模式下,线下商家通过在商品上标注二维码、条形码等,引导消费者进行扫描后在线上App或网站进行交易,再到线下店铺实现消费体验。这种模式相对而言更加灵活,消费者在线下商铺中就可以一次性完成整个订单的购买流程,同时线上App或网站也可以为消费者提供更多的商品信息、评价、优惠或是推荐等服务,增加了消费者到店的黏性和活跃度。

(3)"线下—线上—线下"融合

商家可以通过线下的营销活动积累粉丝和热度,再通过线上平台进行商品宣传、交易演示等活动,吸引更多消费者到店消费,并帮助用户在平台上完成交易和线上评价等操作。这种模式在一定程度上防止了线下实际交易过程中存在的风险和瑕疵,同时又可以及时分享交易信息和经历,在商品信息传递的过程中强化客户体验和忠诚度。

(4)"线上—线下—线上"融合

"线上—线下—线上"模式主要是通过线上的推广和宣传来吸引用户到实体店消费,同时在线上平台为消费者提供购买、询价、预约服务和支付等方面的支持和保障。这种模式在提高消费者线下消费体验的同时,还能够充分拓展线上市场的规模和销售范围,提高商品的曝光度和知名度,增加企业的竞争优势。

3. O2O平台主要经营模式

其主要模式如下:

(1)单干模式

单干模式指由产品提供者独立运营线上和线下所有活动。线上平台和线下实体店同属于一家企业,商家需要负责线上和线下的物流、营销、客服等管理和运营工作。根据店铺在线上和线下投入比例的不同,采用单干模式的商家可以进一步分为店铺销售模式和店铺取货模式。在店铺销售模式中,商家更注重线下店铺的建设和经营,将店铺视作销售场所和体验场所,需要投入一定的成本用于店铺的装修、陈列以及人员管理等方面,从而提升消费者的购物体验和服务效率。在店铺取货模式中,商家更注重线上订单管理和仓库配送,消费者在线上下单,到店铺取货,商家需要依托线下实体店铺作为仓库基地,确保现货的保有量和数量的控制等,以便更好地服务消费者和节约成本(表3-3)。

表3-3　O2O电商平台单干模式的两种形式比较

	店铺销售模式	店铺取货模式
特点	注重线下店铺的建设和经营,将店铺视作销售场所和体验场所	注重线上订单管理和仓库配送,依托线下实体店铺作为仓库基地
优势	进一步提升消费者的购物体验和服务效率	更好地服务消费者的需求和节约成本
类型	主要为向线上转型的实体商家	主要为向线下拓展的"网红"商家

• 资料来源:作者整理。

(2)合作模式

合作模式指由多个平台共同合作完成全部的购物流程,又根据合作主体的数量不同,分为两方合作模式和三方合作模式。在两方合作模式下,商家与线上平台进行合作,线上平台提供消费者下单、支付和预订等服务,然后将订单提交给商家,由商家进行发货和配送,最后消费者在线下实体店取货或者由商家送货到家。在三方合作模式下,线下物流配送公司也加入购物流程中,主要负责从商家处拿货并送到消费者手中,线上平台只做下单支付等服务。

（3）平台模式

平台模式是由单独的电商平台整合线上销售平台、线下仓库平台和物流配送平台等商业资源所提供的服务，类似于批发商给零售商提供商品，商家可以根据需要从中选取商品，线上平台收取服务费用。平台模式在服务的流程和呈现形式上与合作模式较为相似，但前者比后者的模式更为集中和规范化，将商家置于整套流程的前端，通过线下仓库和物流保障实现商品的流通、整合、分配和收益共享。

4. O2O 电商平台的新优势新特点

具体来说，其新优势新特点如下：

（1）充分融合资源

O2O 电商平台的主要特点之一是充分融合了线上和线下的资源。通过线上平台和线下实体商店的合作，O2O 电商平台能够让消费者在线下实体店里体验商品和服务，在线上平台上进行查看和购买，这样打通了线上电子商务和线下实体店的联系，从而提高企业内部的效率，通过资源整合，在获得营销效应的同时提高购物体验。

（2）预判消费行为

O2O 电商平台可以对商家的运营效果进行直观的统计和追踪评估，通过结合线上订单和线下消费，更加准确地预测消费者的购买行为，提高商家的信心和效益，通过数据分析并基于消费需求，更加准确地优化产品方案、调整定价策略、提升营销效果和投放资源。

（3）提升用户体验

O2O 电商平台能够融合线上线下的优势，让消费者享受到更好的购物体验。在线上，消费者可以预览商品、查看价格、阅读顾客评价、挑选品牌和规格，以及获取最新的优惠信息等。同时，消费者也可以在线下实体店里亲身体验商品和服务，并选择付款方式和取货方式。

（4）规避库存风险

O2O 电商平台可以让商家规避库存风险。通过 O2O 电商平台，商家可以将线下存货进行数字化管理，并在线上平台上进行销售和促销，从而避免因为库存积压而选择打折处理等风险，实现全渠道的商品流通。

二、按运营模式分类

规模化与专业化一直是电商零售平台发展的两个重要方向。向规模化发展的电商平台认为商业资源或要素应相对集中，形成强大的吸引力和扩散力。向专业化发展的电商平台则要求对商业资源或要素进行深入细分。在现实当中，电商零售平台的运营方向两个兼而有之，以求达到最佳的经济效益和社会效益，形成了平台型电商、自营性电商和混合型电商。

（一）平台型电商

平台型电商通过第三方平台来进行电商交易。平台型电商开发和运营第三方电子商务网站，吸引商品卖家入驻平台，由卖家负责商品的物流与客服并对买家负责，平台型电商并不亲自参与商品的购买与销售，只负责提供商品交易的媒介或场所。

1. 平台型电商是经营活动秩序的维护者

平台型电商可以让商家通过平台拓展自身的销售渠道吸引力，以此提高商品的曝光率和知名度。与此同时，随着零售领域与数字技术的融合发展，平台型电商又被进一步区分为薄平台和厚平台。薄平台只做撮合和匹配，主要提供交易的场所和方式，商家需要自行负责商品的物流、客服等工作；厚平台则进一步搭载买卖双方的服务项，比如支付工具、金融服务、技术和数据服务、物流快递服务等，能够更好地提升交易体验，增加用户留存率和商户满意度（表3-4）。

表3-4 平台型电商的两种平台形式

	薄平台	厚平台
特点	只做撮合和匹配，主要提供交易的场所和方式	搭载了买卖双方的服务项，比如支付工具、金融服务、技术和数据服务、物流快递服务等
优势	进一步提升消费者的购物体验和服务效率	更好地提升交易体验，提升用户留存率和商户满意度

• 资料来源：作者整理。

2. 平台型电商的主要功能

其主要功能如下：

（1）建立基础设施和运营规则

平台型电商公司负责建立买卖双方的交易平台,并制定平台运营规则,为买卖双方提供双边市场。其主要职责是提供交易桥梁,让消费者方便快捷地选择商品,便于让商家更加轻松地销售商品。经过运营,平台型电商可以大大降低电商公司和买卖双方的交易成本,提高效率。

（2）组织平台商家的经营活动

平台型电商为商户提供了交易平台,以便让商户在平台上组织商品运营活动,降低运营成本和时间成本,避免市场鱼龙混杂的情况,让消费者在众多商品中挑选到自己所需的商品。同时对商家而言,在口碑较好的大平台上运营,可以侧面展现实力,扩大知名度,以此积累足够的信誉和口碑,提高营销效果。

（3）管理平台日常业务

平台型电商的关键业务流程以前期平台建设、吸引浏览、吸引商家入驻为主,但日常业务管理也是至关重要的。平台型电商的业务涉及对商家、商品、消费者等各方面的管理,确保平台的正常运行,维护商家与商品的质量和形象,组织各类市场活动推动商品销售。另外,平台型电商还需要与消费者进行沟通,通过调查问卷等方式进一步了解其真实需求,优化平台的整体功能。

3. 平台型电商的运营优势

平台型电商的运营优势多种多样。主要有：

（1）丰富的商品种类

平台型电商可以提供各种各样的商品,覆盖了大量的生活需求,满足用户的一站式购物需求。相对传统实体店或单一品牌电商,平台型电商能够提供的商品种类更多样化,更能满足不同需求的消费者。

（2）流量挖掘和招商

平台型电商的核心优势在于平台的流量,因此不像传统电商那样需要大量的资金投入在商品采购、仓储、物流等方面,而是可以通过技术手段、市场手段和服务手段提升平台的流量,提高商家的曝光度和销售量。因此,平台型电商可以将更多的精力和资源集中在流量挖掘和前期招商等方面,提升用户购物体验。

(3) 商家增值服务

平台型电商可以为入驻商家提供一系列增值服务，如网站建设、企业形象文化传播等，为商家提供更加全面和完备的支持，同时进一步提高平台的竞争优势。平台型电商可以借助内部专家和外部顾问提供商业培训、市场分析、产品行情资讯定制等服务，帮助商家提升运营水平，扩大品牌影响力，促进更高品质的商品推广和销售。

（二）自营型电商

自营型电商由企业自己进行产品生产或采购，并在电商平台上进行展示和在线交易，再通过物流配送将产品投放到最终消费群体。自营型电商一般是单一品牌的电商平台，用户在平台上可以浏览多种产品，并直接与平台进行交易。与传统的实体店相比，自营型电商一定程度上解决了商品质量和物流配送等方面的问题，让消费者能够拥有更全面、方便、便捷的购物体验。

1. 自营型电商的分类

根据不同的经营模式和特点，自营型电商可以进一步细分为传统自营型、社交自营型、内容自营型和品牌自营型等（表 3-5）。

表 3-5　各自营型电商的比较

	表现	优势	电商平台
传统自营型	通过自己的线上平台销售自己的或代理的产品	通过自己的品牌形象和服务质量吸引消费者	京东、天猫等
社交自营型	在社交（电商）平台直接销售产品或服务	通过社交媒体的影响力和用户关系，提升销售和推广效果	微信购物等
内容自营型	商家（个人）提供有价值的内容，并通过内容推荐和购买链接引导用户购买产品	通过内容的吸引力和用户黏性，提高销售转化率	快手等
品牌自营型	商家通过线上平台销售自己的产品，同时通过线下实体店、品牌推广等方式，提升品牌影响力和消费者认知度	可以充分发挥线上线下的优势，提升品牌的竞争力	各品牌独立站

• 资料来源：作者整理。

2. 自营型电商的经营优势

其优势主要如下：

(1) 自主经营优势

传统实体零售商受限于地理位置和场地面积,难以自由选择经营的产品品类和数量。而自营型电商拥有自主经营的优势,能够充分利用在线平台选择经营的产品,并且根据市场需求自由调整商品的种类和数量。此外,由于经营活动属于平台自营,平台有责任利用数据分析等方式时刻监测市场动向,判断不断变化的市场需求和趋势。

(2) 运营成本优势

与传统实体零售商相比,自营型电商不需要支付高昂的租金、人工和装修等费用,而且可以通过物流配送的高效率和规模效应,大幅降低仓储和物流成本,提高运营效率。这些优势使得自营型电商成为一种运营成本更低、效率更高的商业模式。

(3) 品牌控制优势

自营型电商相比传统实体零售商模式具有更强的品牌控制能力。在传统模式中,品牌商无法直接接触消费者,品牌形象和产品质量往往受到渠道商的影响。然而,自营型电商通过在线上直接面向消费者,使品牌商可以更好地掌控产品的销售环节,进一步提升品牌形象和产品质量。

(4) 市场机会优势

自营型电商相比传统销售模式拥有更多的市场机会。随着越来越多的消费者选择线上购物,自营型电商通过广泛的在线平台推广手段,可以更好地接触到潜在消费者,这样不仅可以通过线上渠道进行业务拓展,还可以结合线下实体店和广告宣传等来扩大影响力,形成闭环营销模式。

3. 自营型电商的功能特点

其功能特点有:

(1) 有明确的品牌定位和忠诚的用户群体

自营型电商一般都有比较明确的品牌定位,以及相对忠诚的用户群体。通过全面掌握品牌和用户需求,企业可以更好地开展营销活动,提高品牌忠诚度和用户满意度。

(2) 需要独立承担平台运营的问题和风险

相比平台型电商,自营型电商通常需要独立承担建站、营销、仓储配送、客服、支付等问题。自营型电商需要在多个方面进行投入,保证整个运营流程和消费者购买体验的完整性。

同时,自营型电商需要自行负责商品的采购、销售和物流配送等问题,需要承担商品风险和库存风险,以及确定货权的转移问题,这需要对供应链拥有更强的控制力。

(3) 能够自主制定价格和策略实现品牌影响力

自营型电商可以自主制定商品价格和营销策略,而不用受制于其他企业或平台。其更加灵活的营销策略和更有竞争力的价格,可以帮助商家依托自身的优势和特点在市场中占据一席之地。同时,通过自营型电商平台,商家可以更好地建立品牌形象和影响力,从而提高品牌的曝光度和市场占有率。

(三) 混合型电商

混合型电商是一种将平台型电商和自营型电商相混合的新模式。这种新模式综合了两种模式的优势,实现了自营型和平台型电商之间的平衡。

1. 混合型电商是平台电商和自营电商的有机融合

混合型电商平台通过"自营+平台"的方式组织商品的销售活动,与商家合作在平台内开展自营业务。正是因为有这样的优势,一方面混合型电商可以通过平台审核、评级等方式对入驻商家的商品质量进行严格管控。另一方面,混合型电商平台可以通过自有物流体系或与第三方物流公司合作,提供更加便捷、安全的物流服务。此外,混合型电商还可以通过自营型电商模式,展示自身产品和服务的核心能力,提高自身综合实力和市场竞争力。

2. 混合型电商的形成是电商平台发展的必然趋势

其原因主要如下:

(1) 单一模式难以在市场竞争中脱颖而出

随着电商行业的发展,市场竞争日益激烈,单一模式无法满足消费者复杂的消费需求和多样化的购物方式,究其原因主要有三个方面:一是产品同质化问题。部分电商平台仅仅具备单一或有限的产品线,致使产品同质化现象严重,难以为消费者提供差异化的产品体验。二是单一模式只能提供有限的消费选项,很难感知消费者各种个性化的需求。三是传统单一模式电子商务缺乏交互体验和个性化服务,只提供了一个线上销售平台,无法为消费者提供更好的购物和体验服务。因此,消费者更倾向于选择具有个性化、交互性等特点的混合型电商,以获得更好的购物体验和更贴心的服务。

(2) 多模式融合是线上零售模式的必然趋势

线上零售模式的变迁注定了电商公司必须向多模式融合的方向发展。随着电商业务日益复杂,消费者需求不断升级,自营向平台融合已经成为电商业务发展的必然趋势。在此背景下,混合型电商能够为消费者提供更好的商品和服务。一方面,随着消费者购物方式和习惯的多样化,他们需要更加灵活和个性化的购物体验,多模式融合可以满足消费者的不同需求。另一方面,多模式融合可以提升企业市场覆盖率和顾客黏性,针对不同渠道和市场推出更精准的营销策略和产品定位。此外,多模式融合可以实现订单和库存的统一管理,由此避免不同渠道之间的重复投资和浪费。

多模式融合满足了电商平台降低成本的需要;混合型电商通过线下实体店部分替代仓库或者分拣中心,节省物流成本;线下实体店运输可以成为线上电商平台的补充推广入口,降低营销成本。此外,通过将线上购物与线下自提相对接,混合型电商可以提高顾客的购物便利性和舒适度,从而吸引更多的顾客。因此,混合型电商满足了电商本身降低成本和提高市场竞争力的需要,是进一步满足顾客需求的途径。

3. 混合型电商形成的路径

其路径主要有两种。

(1) 自营向平台模式融合

自营型电商向平台型电商融合,其目的是提高自身造血能力、降低企业成本。自营型电商通常以自身产品销售为主,只能依靠自身的销售来获得收益,一旦自身产品的销售下降,其收益也相应随之减少。而平台型电商依靠各类商家入驻及销售,平台作为商品交易秩序的维护者参与市场活动,以此获得一定比例的佣金。它将带来一定的流量和规模。总之,平台型电商的拓展空间更大,能够吸引更多的商家和客户,进而实现业务的规模化和优势互补。

(2) 平台向自营模式融合

平台型电商出于保障用户体验和管理平台商家的动机,往往会在平台上自营一些商品或服务,以此提升平台对商品质量、用户体验的掌控能力,更好地满足用户的诉求提升用户对平台的满意度。同时,相对于单一平台型电商,自营型电商的存在使平台在产品质量、服务质量和供应链管理等方面拥有较为成熟的经验和把控能力,因此两者的融合可以实现优势互补,进一步提升平台的综合竞争力。

三、按实践模式分类

根据实践模式的不同,电商平台大致可以划分为三大类别:综合型电商平台、垂直型电商平台以及本地生活型电商平台。这三者各具特色:综合型电商平台满足了消费者一站式购物的需求,垂直型电商平台在商品品质控制、售后服务等方面表现出色,本地生活型电商平台则致力于将线上与线下深度融合,更多聚焦于本地的生活服务。它们使电子商务领域更加多元化,为消费者提供了个性化、便捷化的服务体验。

(一)综合型电商平台

综合型电商平台又称水平型电商平台(Aggregator),此类电商平台适用于那些需要购买多种商品品类的企业和个人。

1. 提供相对多元化的产品和服务

在一个综合型电商平台上,用户可以购买各种类型的商品,包括家居用品、服装、食品、电器、电子产品等。在此基础上,综合型电商平台能够为消费者完善"售前—售中—售后"服务,例如付款、物流、售后服务等,为消费者提供便捷、放心的购物体验。综合型电商平台的另一个重要作用是运营规模的融合创新。将多个小型或中型电商汇聚到一起,一方面有助于为消费者提供更大的市场,提升小中型电商的竞争力和业绩水平;另一方面,还能够吸引更多的消费者和供应商,引发行业的集群效应,推动电商平台的联动发展。同时,综合型电商平台也为企业和个人提供了一种将多个商品整合到一个购物车的简单方式,简化了购物流程提高了购物效率。

2. 综合型电商平台的功能特点

其功能特点主要如下:
(1)多样的商品品类
综合型电商平台拥有多种商品品类,可以采用各种促销策略来激发消费者购买欲望,以提高销售额并创造更高的收益。其中,商品组合促销策略是最为常见和实用的一种。通过组合多种商品,平台可以让消费者获得更多的实惠,吸引更多的人在同一平台上购买不同类别的商品。这种策略不仅可以促进平台内多品类商品协同销售,还可以提高客户的购买频率和客户忠诚度。

(2)灵活的竞争优势

在价格竞争方面,综合型电商平台的优势也非常明显。一方面,随着销售规模的扩大,综合型电商平台降低了整体上的采购价格;另一方面,一个地区的销售规模有助于推动本地化物流和供应链的形成,故而也能够有效降低商品成本。另外,在销售方式和销售节奏方面,这种平台还具有更多规律性可循,能够有效预测库存量,帮助企业大幅降低库存积压风险,增强平台价格竞争优势。

(3)深厚的用户基础

在用户基数方面,综合型电商平台的优势在于其用户基数更为庞大。相对来说,综合型电商平台可以更好地摊薄昂贵的流量购买成本,对流量的使用率和转化率也更高。同时,综合型电商平台的用户群体更广泛,能够更好地覆盖不同地区、不同年龄、不同消费水平的用户,为商家赢得更大的业务发展空间。

3. 综合型电商平台的典型案例——京东零售

2004年,京东正式进入电商领域,并在经历了"京东多媒体""京东商城"等多次升级之后,于2019年组建了京东零售集团。自此,京东成为一个依托供应链的综合交易平台,不断积极优化技术和营销能力,以更好地为客户提供各种类型的产品和服务。多年来,京东通过持续优化供应链,不断满足不同消费者的需求,形成了京东家电、京东超市、京东新百货、京东国际等多个业务条线,成为一家典型的综合型电商平台。

(1)经营范围

京东零售的经营范围涵盖电脑、手机、家电、服饰、美妆、运动户外、生鲜等品类,几乎涉及人们生活的方方面面。

京东零售特别注重线上线下的融合体验,拥有京东MALL、京东电器超级体验店、京东电器城市旗舰店、京东五星电器、京东家电专卖店、京东电脑数码专卖店、京东之家、七鲜超市、京东新百货、京东养车、京东国际跨境体验店、京东国际进口综合馆等线下门店。

京东零售注重打造自有的物流体系,并以此拓展了京东到家、京东生活等同城服务业务,连接了百万级的连锁超市、菜店、药店、鲜花店、手机店、服饰店、宠物店等全品类门店。

(2)业务条线

京东家电平台:消费者不仅可以在这里购买到高品质、新兴的家电产品,还能享受到一站式的优质服务。特别是京东手机在与品牌商、运营商长期的紧密合作中,致力于推进5G生态的发展,持续完善以旧换新的服务,力图为消费者打造更加符合时代潮流的购机服务体验。此外,京东电脑数码作为该平台最具优势的品类之一,与国内外知名企业建立多元战略合作关系,在电脑、数码、影像、办公等众多领域充分发挥其供应链和全渠道能力,精心挑选供应商和产品,力图为消费者提供更多高质量的潮玩产品和专业服务。

京东超市:京东超市的业务范围扩展至电商平台、实体门店、即时零售、企业业务以及餐饮行业等多个线上线下领域,形成了品类较为完备、规模较为宏大的全渠道布局,覆盖范围广。除了通过链接自身丰富的业态,如七鲜生鲜超市、京东母婴生活馆等,京东不断增添品质产品线,京东超市还聚合众多商超伙伴和线下品牌商户,如沃尔玛、永辉、华润等,在全国建立近400多座零售生态圈,实现及时消费的商业生态。此外,京东超市还建立了一个高效供应链中台,将多品牌的货品集中供应到不同的用户端口,让各方共同分享价值,实现多赢回报。

京东新百货:该平台致力于新的数字化全渠道模式探索与实践,通过线上线下一体化的沉浸融合场景打造,为年轻消费群体提供涵盖服饰、居家、美妆、运动户外等全场景商品、服务和一站式新时尚生活解决方案。目前,京东新百货旗下主要包括京东服饰、京东居家、京东美妆、京东运动等品牌(表3-6)。

表3-6 京东新百货旗下主要品牌及其愿景

	品牌愿景
京东服饰	通过全场景、全渠道和全模式服务能力,全面满足用户丰富、多元的品质服饰消费需求
京东居家	致力于通过高品质的产品和服务,一站式满足用户家居家装购物需求
京东美妆	以正品生态、极速物流和高效的服务能力,为消费者提供全球美妆大牌、国货品牌、新锐品牌的正品好货,为广大品牌提供稳定、持续、可信赖的增长和共创空间
京东运动	为消费者精选大量的专业品质运动户外商品,一站式提供全渠道的体育消费专业解决方案

• 资料来源:作者整理。

京东国际：京东国际是京东集团旗下的一站式进口商品消费平台，也是京东集团国际化战略布局中的重要业务之一。在2019年11月，京东进口业务升级为京东国际，不仅整合了京东跨境商品，经过全面升级，更在消费场景、营销生态、品质和服务、招商等各个方面凭借着线上线下全渠道一体化共建的模式，力图向消费者提供同步全球的优质商品。

京东生活服务：京东生活服务整合了多业态的商业版图，在汽车商品交易及车后服务、农业供应链服务、文旅服务、图书文教商品及供应链服务、拍卖房地产及家政、宠物服务等创新业务上深入布局，通过线上线下全渠道能力打造三公里服务圈，在各个领域提供不断创新的服务体验，为消费者带来更有品质的生活。

（二）垂直型电商平台

垂直型电商平台（Vertical Marketplace）是一种以特定领域为核心进行电子商务的平台。

1. 提供相对专业化的产品和服务

垂直型电商平台除了在商品品类上存在一定的局限性之外，其他方面相比综合性电商平台更加专业、深耕。通过在特定领域的细分市场中进行深度运营，垂直型电商平台能够更好地满足特定人群的需求，为消费者提供更符合个性化需求的商品和服务。同时，垂直型电商平台还能够通过专业化运营提升品牌影响力，为平台增加更多的用户和流量，使平台能够更加稳定和有信誉地发展。在终端消费者面前，垂直型电商平台还能够通过别具特色的营销策略、产品定价和服务标准，使消费者满足更高期望的消费体验，从而赢得他们的信任和口碑。

2. 垂直型电商平台的功能特点

其功能特点主要如下：

（1）产品管理灵活

垂直型电商平台由统一供应商来保证产品质量，并与物流渠道结合以保证获取最低的价格。同时，垂直型电商平台根据需求对产品统一管理和展示，如出现产品问题可以全部下架，保证商品质量的同时灵活高效地实施商品策略。

（2）服务优质高效

垂直型电商平台为供应商提供低风险、高效率的渠道,促使其进行品牌推广、市场调研等活动。通过对客户行为分析和消费能力水平的评估,垂直型电商可以为供应商提供大数据支持,共同解决库存问题。同时,由于其经营的是同类产品,因此价格透明,物流运输也相对简便,商品品质也更加有保证。

（3）信息整合度高

通过供应商和物流渠道资源的整合,专业的垂直电商网站的品质服务和产品保障,可以满足同类消费者的需求。由于垂直电商平台的专业化,平台能够提供更加符合特定人群的消费产品,满足某一领域用户的特定习惯,更容易获得用户信任。

（4）运营更精细化

注重精细化运营是垂直电商的优势。平台通过对供应链的完善和独特的产品服务,达到与综合型电商差异化的运营效果。品牌建设是一个长年积累的过程,每个环节都要不断优化,把事情做到最细,才能够带来更好的用户体验和最大的效益。因此,精细化运营能够更好地满足消费者的需求,进一步提高平台的市场竞争力。

3. 垂直型电商平台的典型案例——酒仙网

成立于2009年的酒仙网是一家专注于酒水销售业务的电商平台,主要从事酒类全渠道、全品类零售及服务。酒仙网依托于线上自有平台和线下品牌连锁"酒仙网国际名酒城""酒快到",与国内外知名酒企在酒水采销、产品开发、品牌合作与推广等方面深度合作,倡导"保真、快到"的渠道品牌与"高性价比"的酒类专销产品品牌。其双品牌驱动模式为广大酒类消费者提供了优质的产品及服务。

（1）主营业务

其主营业务是借助电商平台进行全品类酒类及相关消费品的销售服务。平台为酒企提供电子商务领域的综合服务,与包括茅台、五粮液、剑南春等国内外知名酒企紧密合作,力图为客户提供高性价比的产品;与上游酒企在新产品开发及推广方面深度合作,打造自有品牌和合作推广的专销产品。

（2）平台特色

数据化运营：酒仙网是一家深耕酒类业务达 20 年的企业，目前拥有超过 3 000 万名会员。利用这些会员的数据，酒仙网进行了深度分析，并与众多酒厂进行了创新合作，以更好地满足消费者的需求。为设计出符合消费者口味的酒仙网专销合作产品，酒仙网利用其深度理解市场的优势，展开深入合作，并充分利用公司全渠道优势进行推广营销。通过这些方式，酒仙网不仅提供了优质的产品和服务，也为市场带来了创新和活力。

线上线下渠道全覆盖：酒仙网通过多年的渠道建设，完成了线上线下全渠道覆盖。线上渠道包括酒仙网自营平台、酒仙网移动终端 App，与天猫、京东等第三方电商平台及抖音、快手等直播卖货平台合作的各类酒水零售旗舰店。线下渠道包含运用大数据、供应链信息化系统等现代化技术，结合强管理、强运营的新零售模式运作的"酒快到""国际名酒城"门店，其他补充渠道包括利用公司在酒类零售行业积累的客户和渠道优势对产业上游酒厂或品牌方赋能，帮助其推广产品的线下品牌经销渠道。

专精于酒类商品的销售：酒仙网依托自有的销售渠道和运营能力，向全球 26 个国家超过 1 500 个品牌销售产品，覆盖白酒、葡萄酒、洋酒、黄酒、保健酒等全品类酒水。在高端白酒方面，酒仙网与茅台、五粮液、洋河等知名酒企陆续在供应链、品牌运营、产品开发、品牌推广等方面开展合作。同时，平台深入了解行业供应链各环节的需求，对开辟互联网销售渠道、扩大商品的品牌影响力有着深刻理解，为酒企提供包括产品展销、广告投放、直播展示、营销策划以及市场分析等服务。

（三）本地生活型电商平台

本地生活型电商平台是一种专注于本地服务业的电子商务平台，旨在为本地消费者提供服务。

1. 提供专注于本地生活的产品和服务

该平台能够有效地连接消费者和服务行业，并使双方的沟通更加方便、准确。该平台的主要目的是深入本地生活服务行业，打造"一站式""码头式"的服务体验，使消费者便捷地搜索到所需的产品和服务，并顺畅地对其进行预订和支付。除此之外，本地生活型电商平台以生活服务业务为主要方向，提供包括餐饮、娱乐、租房、买房、工作、旅游、教育培训等服务，满足消费者在"衣食住行用"方面的需要。在不同的领域为消费者提供资源和服务支持,保证其可以享受更真实、更自然、更高效和更便捷的本地化生活服务。

2. 本地生活型电商平台的功能特点

其功能特点主要如下:

(1) 有明确的产品和市场定位

本地生活型电商平台的产品和市场定位十分明确——主要面向居民家庭,并为其提供日常生活所需商品和服务。通过对本地市场需求演进的分析判断,本地生活型电商平台会有针对性地推出个性化和定制化服务,并根据消费者的偏好分析与预测本地市场,以便更好地满足消费者对服务的需求。正是由于生活在同一地区的消费者的经验可以相互借鉴,商家可以时刻监测居民家庭的消费需求,并根据其变化推陈出新。

(2) 快速实现高效的物流配送

本地生活型电商平台的用户和商家都集中在本地,通过科学的配送调度和高效的物流配送体系,可以轻松建立经济、高效、快捷的配送团队,保证用户最短时间内获得订购的商品和服务,以此提高用户对平台的信任度,在快速高效的交互中增进服务平台与用户之间的情感和依赖。

(3) 精于提供优质的生活服务

本地生活型电商平台崇尚"全网底价,质量优先"的服务理念,因此会严格筛选社区内居民口碑好的商家。为了保证用户获得高品质的服务,平台会通过建立服务评价体系,依靠客户对商家的评价和反馈加强对他们的选择、管理和监督。此外,本地生活型电商也致力于帮助消费者选择更加合适的商家与服务,在满足用户的服务体验的同时,提升平台的信誉和品牌价值。

3. 本地生活型电商平台的典型案例——美团

美团创建于 2010 年,起初聚焦于实物团购领域,后转向服务团购。经过"千团大战"的洗礼,美团在十几年的发展中不断扩大自己的业务边界,先后进入电影票预订、酒店预订、餐饮外卖、共享出行、生鲜零售等领域,成为汇聚众多业务形态的本地生活综合性大平台。作为一家生活服务电子商务平台,美团网的发展战略开始由"餐饮+平台"向"零售+科技"转变,从餐饮和生活服务领域向实物电商领域推进。依靠科技创新,美团运用数字技术对接商家和消费者的供给和需求,通过平台实现大规模的交易匹配。

(1) 主营业务

美团目前的业务可以划分为三大板块:餐饮外卖、到店服务、酒店及旅游、新业务。在餐饮外卖领域,"美团"在全国绝大多数城市占据领先份额。在到店服务领域,美团+大众点评已成为线下餐饮、休闲、美容、婚庆等行业的线上营销平台。在酒店、旅游市场,美团和携程、同程、艺龙等平台展开差异化竞争,从低线市场切入,份额持续提升。在生鲜和快消品领域,美团推出了"小象超市"(前置仓)、"美团闪购"(O2O到家配送)、"美团优选"(社区团购)等多种业态的服务。美团还在共享出行、餐饮供应链、餐饮 SaaS (Software as a Service,软件即服务)、金融服务等领域广泛布局。

(2) 平台特色

优势资源搭配得当:美团的到店服务源于其最初的团购业务。该商业模式通过线上发放团购券,吸引消费者到门店消费,以此达到为商家引流的目的。这种商业模式迅速扩大了美团的业务范围,尤其是在2015年收购大众点评之后,"美团+大众点评"让美团成为一个综合性导购平台,拥有完整的地理位置和点评信息、丰富的商家资源和庞大的用户流量。此外,美团还开展了基于线上流量和LBS(Location Based Services,围绕地理位置数据展开的服务)的在线营销(广告)业务。这种业务模式的采用,也进一步推动了美团向着更广阔的市场发展。

制定适合的发展战略:美团的酒店及旅游业务在2013年开始起步,服务内容涵盖酒店预订、交通票务、景区门票、电影票等方面。由于起步较晚,美团的酒店业务选择从中底线城市和一些中低端酒店出发,利用自身在低线城市商务拓展方面的资源优势,吸引到广大中小酒店商家加入平台,这种战略使美团能够更好地应对市场竞争和满足消费者的需求。

运营策略运用到位:为了更好地推进具有战略探索性的业务,美团将各种策略整合到新业务板块下,包括出行(共享单车/电单车、聚合模式打车)、零售(跑腿/闪购、买菜、优选)、toB(to Business,面向企业服务,如快驴、支付系统)、金融以及共享充电宝等项目。为了满足消费者本地生活多样性的需求,美团为这些新业务采取了不同的运营策略,从而增强用户在平台上的黏性。这些不同的策略和业务特点的结合,使得美团能够更好地满足不同消费群体的需求,提供更全面的服务,进一步增强自身在行业中的竞争优势。

第四章
存量角逐：花样翻新的社交零售平台

互联网的快速发展改变了人们的社交方式，微信、微博及小红书等互联网社交平台逐步成为人们构建社交网络的重要渠道，社交网络已成为零售电商转型的重要载体之一。首先，本章将厘清社交零售平台的定义和发展阶段，梳理社交零售平台获得发展的政策驱动力，衡量其主要发展模式；其次，本章将明确与传统零售模式相比，社交零售平台的主要特点，及其对平台、商家和消费者的主要优势；最后，本章将剖析目前社交零售平台发展所面临的主要困境，在此基础上对社交零售平台的未来发展趋势进行展望。

一、社交零售平台的发展概况

本节将厘清社交零售平台经历的主要发展阶段，梳理与社交零售相关的政策推进方向。此外，本章将从市场规模、人均消费额、用户规模、雇员人数等维度评估目前中国社交零售的发展规模，并根据社交零售商业形态的不同，对其主要模式进行分类。

（一）社交零售的定义和发展阶段

目前，国内外学者对社交零售缺乏统一的定义，一般可理解为借助社交工具及场景赋能零售，是以个体自然人为单位、通过社交工具或场景、利用个人社交圈的人脉，进行商品交易及提供服务的新型零售模式，其本质是"社交＋零售"。社交渠道及社交场景相当于"通路"，以亲人、朋友、朋友的朋友等强弱人际关系形成的社交人脉，相当于"顾客"。

社交零售和电商零售的本质都是零售，其核心环节均围绕"人、货、场"三要素展开。但是，社交零售和电商零售对"人、货、场"的影响方式存在差异。具体来看，淘宝、京东等传统电商零售平台更像是数字经济时代的谷歌，是搜索引擎式的零售模式，以"人找货"模式存在，为需求导向式消费；拼多多、云集等社交零售平台的核心是"货找人"模式,通过社交网络,借助客户、分销商的分享、推荐获取流量,降低了商家获取新客的成本。

2014年,李克强总理首次提出"大众创业、万众创新"的理念。2015年两会期间,李克强总理在政府工作报告中,更是将"双创"提高到中国经济转型和保增长的"双引擎"之一的高度。在这一大背景下,社交零售获得高速发展。具体来看,中国社交零售的发展大致经历了三个阶段。

第一阶段(2011—2014年):起源、萌芽、发展。

2011年兴起的社交平台微博是中国社交零售的发源地。微博用户借助生成的内容积累影响力和粉丝群体,并开始尝试商业变现。然而,由于支付环节缺失、客户关系管理功能的不足,微博社交电商平台始终未能形成足够大的影响力。

微信的出现加速了中国移动互联网时代的到来,催生出思埠等传统微商品牌。这一阶段以单品牌少量库存为切入点,采用线下的传统分销结构在线上分销商品,即个体自然人代替传统实体渠道各层级分销商,为社交零售导入期的业务模式。然而由于这种模式存在多层级分销囤货严重、假冒伪劣产品等问题,在2012年迅速扩张发展后即遭遇悬崖式下跌。

第二阶段(2015—2016年):崛起、规范、蜕变。

经过第一阶段的野蛮增长,社交零售中的假冒伪劣商品、三无产品、涉嫌传销等问题相继出现,社交网络对社交零售的正面推动作用再次凸显。

这一阶段的社交零售以个体自然人为中心,个体借助社交网络的崛起,通过社交媒体成为商品推广者,个体基于产品产生有一定价值的内容,从而实现销售转化变现。在这一发展阶段,注重品牌信誉和口碑的社交零售得以存活并壮大。对于商户而言,商户数量大、单个体量小、布局零散,其本质仍为中心化销售。

第三阶段(2017—至今):融合、迭代、升级。

这一阶段以平台为核心,通过整合供应链多元品类及品牌开发线上分销商城,招募大量个人店主,平台负责产品分发。社交零售平台的典型特征为零售的去中心化,更加关注消费者的社群属性,注重对私域流量的开发转化。一般来说,社交零售平台具备以下要件:一是具有导购作用,二是具有社交元素,三是具备社交化传播多级返利机制。

在监管层面,社交零售平台出现规范化的趋势。《中华人民共和国电子商务法》《社交电商行业经营规范》等相关法律法规相继出台,中国电子商会微商专业委员会、中国商业经济学会微商专业委员会、中国互联网协会微商工作组等行业组织相继成立,世界微商大会、中国微商博览会、社交电商创业颁等高规格论坛和交易会相继展开,确保了社交零售行业的规范和健康发展。

(二)社交零售的政策驱动力

随着社交零售行业的迅速发展,我国对相关行业的重视程度不断增强,陆续出台一系列政策,以鼓励社交零售行业的健康发展,明确相关部门的监管责任(表4-2)。

从相关政策的发展趋势来看,在社交零售的发展初期,对社交零售的监管政策以鼓励类为主。例如,2016年,国务院、商务部等国家部委先后出台《"十三五"国家战略性新兴产业发展规划》和《电子商务"十三五"发展规划》,提出应加快重点领域融合发展,鼓励社交网络电子商务模式。又如,2012年工信部专门启动"工业和信息化领域急需紧缺人才培养工程",2017年该工程下设"创奇社交电商能力培训项目",为社交零售从业人员提供专门的培训。

此后,与社交零售相关的政策逐步从鼓励发展向规范发展迈进。例如,2019年1月1日,《中华人民共和国电子商务法》正式施行,微商、社交电商被正式纳入电子商务领域,《中华人民共和国电子商务法》的实施是社交零售发展的里程碑事件;又如,在2021年3月,市场监督管理总局颁布《网络交易监督管理办法》,要求通过社交网络、网络直播等网络服务开展网络交易活动的网络交易经营者,应当以显著方式展示商品或者服务及其实际经营主体、售后服务等信息,或者上述信息的链接标识。

除中央层级颁发的各类监管政策以外,2021年2月,中国服务贸易协会批准发布了《社交电商企业经营服务规范》行业标准。该标准是首部涉及社交零售合规标准的行业标准,由中国服务贸易协会、浙江省电子商务促进中心、云集共享科技有限公司等单位联合起草,规定了社交电商服务体系、社交电商服务要求、基础保障服务要求、交易过程服务要求和客户关系服务要求等。此项团体标准适用于规范社交电商企业在社交电商经营活动各个环节中提供的服务,也适用于消费者了解社交电商活动。此外,各地方分别结合本地特色,制定了促进并规范社交零售行业发展的监管政策。例如,2020年4月,上海发布《上海市促进在线新晋级发展行动方案(2020—2022

年)》鼓励开发直播电商、社交电商、社群电商、"小程序"电商等智能营销新业态。

表 4-1 国家层面社交零售行业的相关政策

发布时间	发布机构	政策名称	主要内容
2015 年 11 月	国家工商总局	《关于加强网络市场监管的意见》	提出积极开展网络市场监管机制建设前瞻性研究。研究社交电商、跨境电子商务、团购、O2O 等商业模式和新兴业态的发展变化,针对性提出依法监管的措施
2016 年 11 月	国务院	《"十三五"国家战略性新兴产业发展规划》	提出加快重点领域融合发展,推动数字创意在电子商务、社交网络中的应用,发展虚拟现实购物、社交电商、"粉丝经济"等营销新模式
2016 年 12 月	商务部	《电子商务"十三五"发展规划》	积极鼓励社交网络电子商务模式。鼓励社交网络发挥内容、创意及用户关系优势,建立连接电子商务的运营模式,支持健康规范的微商发展模式,为消费者提供个性化电子商务模式
2017 年 10 月	工信部	《工业电子商务发展三年行动计划》	支持中小企业基于电子商务平台,发展网络直销、社交电商等网络营销新模式,加快销售渠道拓展和品牌培育
2018 年 7 月	商务部	《社交电商经营规范》(征求意见稿)	提出建立社交电商发展的良好生态环境,加快创建社交电商发展的新秩序;促进社交电商市场健康有序发展,落实互联网相关法律法规及标准规范,夯实行业自律基础,界定相关主体的责任;加快建设社交电商信息基础设施,健全社交电商发展支撑体系
2018 年 8 月	人大常委	《中国电子商务法》	中国第一部电子商务领域的综合法律,鼓励发展电子商务新业态,创新商业模式,促进电子商务技术研发和推广应用
2020 年 7 月	国家发展改革委等	《关于支持新业态新模式健康发展 激活消费市场 带动扩大就业的意见》	鼓励发展新个体经济,开辟消费和就业新空间,提出"支持微商电商、网络直播等多样化的自主就业、分时就业"
2021 年 2 月	中国服务贸易协会	《社交电商企业经营服务规范》	中国社交电商领域的第一部国家级行业标准,为社交电商企业的发展保驾护航,为社交电商从业者指导就业,推动品牌社交电商企业持续发展
2021 年 3 月	市场监督管理总局	《网络交易监督管理办法》	提出通过网络社交、网络直播等网络服务开展网络交易活动的网络交易经营者,应当以显著方式展示商品或者服务及其实际经营主体、售后服务等信息,或者上述信息的链接标识
2021 年 10 月	商务部、中央网信办、国家发展改革委	《"十四五"电子商务发展规划》	健全电子商务行业标准,重点推动直播电商、社交电商、农村电商、海外仓等新业态标准研制
2022 年 11 月	中国服务贸易协会	《社交电商从业人员服务能力评价通则》	通过对社交电商从业人员进行能力评价,进一步完善社交电商从业人员服务能力评价体系

• 资料来源:作者整理。

表 4-2　中国主要省份社交零售行业政策汇总

省市	发布时间	政策名称	主要内容
北京市	2017年8月	《北京市工商行政管理局关于贯彻落实〈"十三五"市场监管规划〉的若干意见》	加强对社交电商、手机应用软件商城等新模式，以及农村电商、跨境电商和服务电商等新业态的监管
	2021年9月	《北京市"十四五"时期商业服务业发展规划》	以提升国际竞争力为重点，打造中心城区消费集群，建设文化、艺术、社交和零售跨界融合的多元文化商业街区；推动实体商业与电商、新媒体等合作，推广社交营销、直播带货、云逛街等新模式，发展线上线下融合的体验式服务
上海市	2020年4月	《上海市促进在线新晋级发展行动方案(2020—2022年)》	鼓励开展直播电商、社交电商、社群电商、"小程序"电商等智能营销新业态
	2021年4月	《"十四五"时期提升上海国际贸易中心能级规划》	大力推动直播电商、社交电商、小程序电商等新模式创新发展。依托电商企业的平台优势和品牌集聚效应，整合网络直播、社交电商、产品供应链以及各类电商专业服务机构等业态资源，重点打造100个左右面向垂直领域、细分客群的上海网络新消费品牌
	2021年5月	《全面推进上海数字商务高质量发展实施意见》	发展智慧零售、智慧餐厅、社交电商、内容电商等新业态新模式
	2021年6月	《上海市市场监管现代化"十四五"规划》	坚持鼓励创新和包容审慎原则，创新新经济、新业态、新模式监管方式和监管手段，试点跨境电商认证，推动相关标准研制，促进短视频电商、直播电商、社交电商健康发展
浙江省	2021年5月	《浙江省国内贸易发展"十四五"规划》	鼓励各类新业态和新模式进社区，鼓励加强线上线下商品、服务的整合，发展社交电商、直播电商等新型业态，提升社区商业智慧化水平
广东省	2020年11月	《广东省建设国家数字经济创新发展试验区工作方案》	鼓励传统商贸流通企业平台化发展，进行线上线下融合销售模式创新，发展协同经济、社交电商、无人零售等新业态

• 资料来源：作者整理。

（三）社交零售的发展规模

从市场规模来看，社交零售行业保持高速增长态势。数据显示，2021年，社交零售市场规模已达到 25 323.5 亿元。从增长速度来看，2017—2019年之间，社交零售保持高速增长态势，其中 2017 年的增速高达 89.5%。2020—2021 年，社交零售市场的增长速度有所下降，但仍保持在 10% 以上的增速。从社交零售占电商零售的占比来看，社交零售保持稳步增长态势。2016 年至 2021 年之间，社交零售占电商零售的比重从 5.4% 增长到 13%（图 4-1）。

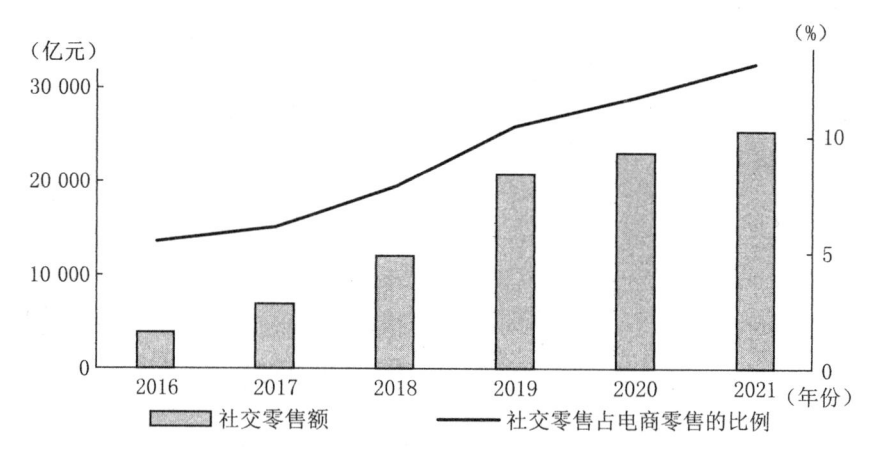

图 4-1　社交零售交易规模及其占电商零售的比重

• 资料来源:作者根据网经社和全球统计数据库(Statista)相关数据计算得到。

从人均消费额来看,近年来社交零售人均年消费额保持在 3 000 元左右,增速放缓。具体来看,2017—2019 年,社交零售人均年消费额保持高速增长趋势,人均年消费额从不足 1 500 元增长至接近 3 000 元,年增长率分别高达 67.46%、35.65%、46.42%。此后,社交零售人均年消费额保持增长态势,但是增速大幅降低。根据统计,2020—2021 年之间,社交零售人均年消费额分别为 2 948.78 元和 2 979.24 元,年增长率仅为 2.03% 和 1.03%(图 4-2)。

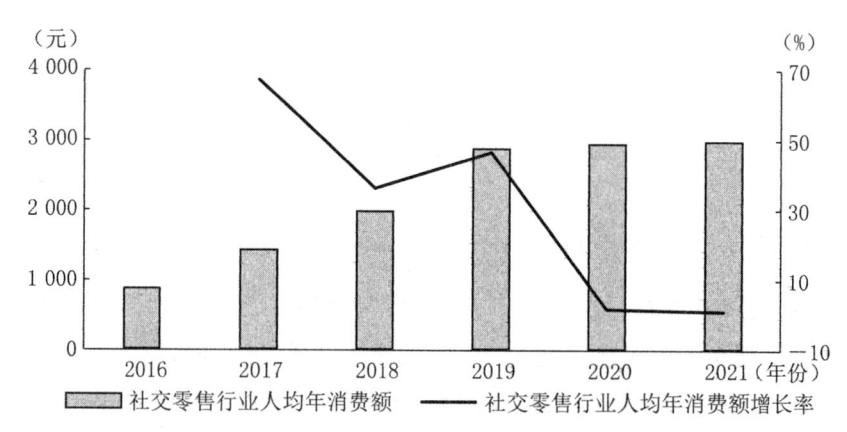

图 4-2　社交零售行业人均年消费额及其增长率

• 资料来源:作者根据网经社相关数据计算得到。

从用户规模来看,社交零售已在中国互联网用户中取得较高的渗透比例。根据统计,2016—2021 年间,中国社交零售行业的用户规模从 4.18 亿迅速增长至8.5亿人,规模扩大一倍,年均增长速度超过10%,特别是2018年的社交零售用户增长率高达28.54%(图4-3)。此外,从渗透率来看,2017年,社交零售用户占互联网用户的比重约为60%,此后五年间,社交零售用户占互联网用户的比重逐年提高,2021年已超过80%。

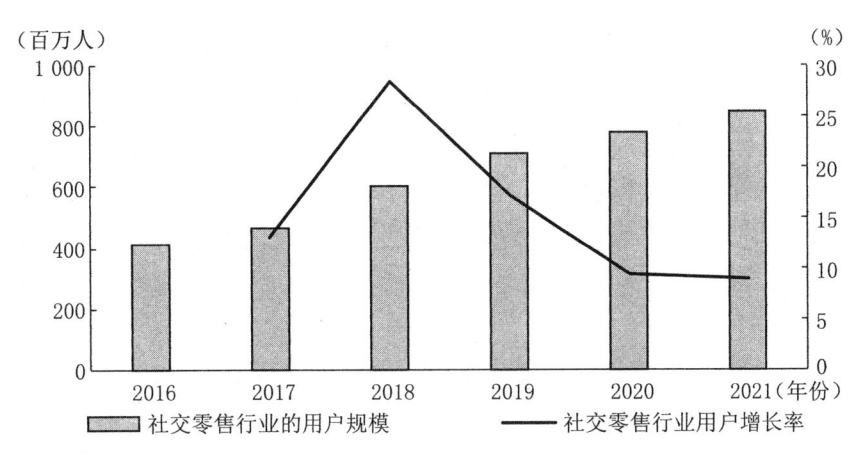

图 4-3　社交零售行业用户规模及增长率

• 资料来源:作者根据网经社相关数据计算得到。

从雇员人数来看,社交零售行业从业人数保持高速增长态势。根据统计,仅到2019年,社交零售行业的从业者就已高达4 801万人,该人数为2014年社交零售行业从业人数(1 024万人)的4倍以上(图4-4)。

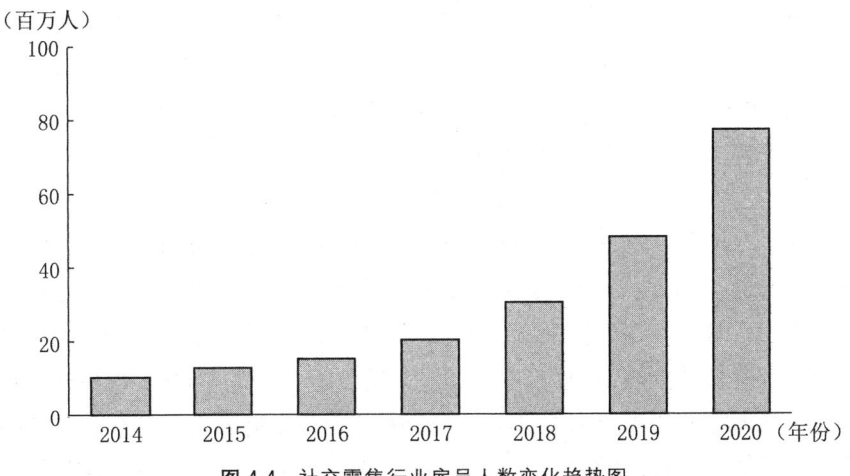

图 4-4　社交零售行业雇员人数变化趋势图

• 资料来源:作者根据statistics数据库相关数据绘制。

(四)社交零售的主要模式

目前,社交零售尚无统一、全面的分类标准。本研究认为,按照社交零售商业形态的不同,可将社交零售分为拼购型、社群型、分销型和内容型四类。

拼购型社交零售是指用户在社交电商平台购物,通过分享商品,引发熟人或网友进行拼团,从而获得远低于常规价格的特惠价格。这一模式满足了消费者追求性价比和"凑热闹"的心理诉求,增强互动性,依靠价格促销和"集体参与感",激发消费行为。在合法合规的情况下,拼购型社交零售通过用户的主动分享,实现同一生态内的无缝传播,大大降低了商家的引流成本,实现流量的裂变。拼多多、淘宝特价版、京东拼购等是拼购型社交零售的主要代表。

社群型社交零售是伴随着微信生态而形成的新型关系,围绕线下社区(如某一小区)或特定群体(如妈妈群)进行社交分享获客拉新,通过"团长"或"群主"等导购员服务社群内用户,高频使用周边知识在社群中引起热议,同时间歇利用"红包""优惠券"等激发互动。社群型社交零售具有强互动、强线下的属性,实现了线下和线上的强联结。拼多多投资的虫妈邻里团、每日优鲜投资的每日一淘等为社群型社交零售的典型代表。

分销型社交零售是目前社交零售主流的商业形态,平台提供商品供应、仓储、发货、售后等服务,用户利用线上线下的分享销售商品,同时还可以发展自己的分销商,并借此组建自己的分销渠道,赚取佣金,这种模式也称为S2B2C(Supplier to Business to Consumer)模式。与产品单一的传统微商相比,分销型社交零售产品门类齐全,具有多级返利机制。花生日记、云集微店为分销型社交零售的代表应用。

内容型社交零售借助流量大V、带货达人、资深爱好者等各类KOL(Key Opinion Leader,关键意见领袖)生产优质的内容为消费者呈现"最佳实践",集聚具有相同偏好的潜在客群,在积聚了一定流量后,通过电商板块实现变现。对于导购型社交零售来说,粉丝运营、KOL的IP打造、优质内容输出是打造私域流量池、提高粉丝黏性、提高转化率的核心影响要素。对于这类社交内容零售平台来说,KOL的个人魅力和影响力是平台存活以及能否持久的关键。平台借助单个或多个KOL吸引大量粉丝,打造私域流量池,粉丝黏性较高。小红书、蘑菇街、宝宝树等为内容型社交零售的主要代表。

二、社交零售平台的特点和优势

本节将剖析社交零售平台与传统零售模式和传统电商平台相比存在的显著优势,并从平台、商家和消费者视角出发,厘清社交零售平台带来的显著变化。此外,本节以"拼多多"为案例,聚焦分析社交零售平台企业迅速发展的内在动因。

(一)社交零售平台的特点

在传统零售市场中,商家和消费者的沟通渠道较为单一,以付费媒体、曝光广告、销售终端为主。

在社交零售平台中,消费者和商家沟通的触点较多,社交对零售的影响逐步增强。

1. 社交影响零售

根据统计,社交媒体在中国的渗透率高达97%以上,社交媒体的形式从过去的文字、图片,发展到现在的视频、直播、游戏等,消费者每天在手机上花费近4个小时,其中在社交媒体上花费的时间高达2.3小时以上,69%的消费者在社交媒体上分享过购买链接。研究显示,消费者的单次购买决策可能受到5.2个不同触点①的影响,其中53%的触点为社交触点②。此外,在消费者做出购买决策的不同环节,社交媒介均将产生不同程度的影响(表4-3),因此社交媒介成为运营消费者长期关系的核心渠道。

表 4-3 社交对购买决策的不同阶段的影响

环　　节	平均触点个数	社交触点占比
购买环节之前:激发兴趣	4.4	49%
购买环节之中:驱动决策	4.2	41%
购买环节之后:持续喜好	4.1	48%

• 资料来源:作者整理。

---

① 包括消费者反馈的对其激发兴趣和驱动决策形成重要影响的触点。
② 包括微信、微博等社交媒体,抖音/快手等短视频/直播平台,小红书等内容类社交电商,拼多多等拼购类社交电商在内的由社交元素驱动的社交媒介。

2. 传播途径从中心化向去中心化转变

在传统零售模式中，传播途径表现为中心化模式。商品或服务的品牌方处于中心主导地位，由品牌方自身负责产生内容、寻找代言、驱动传播，并进行整合反馈。

在社交零售模式中，传播途径为去中心化传播。品牌通过丰富多样的裂变机制（例如拼购、转发获得折扣、参与热门话题、分享周边知识、帮助明星拉票等形式）满足消费者的各种内在动机，促使其主动裂变。根据统计，在消费者购买商品或服务的前后三个月内，77%的消费者将主动对产品相关信息进行分享或转发，参与或组建相关社群等。研究显示，从细分人群来看，女性主动裂变(79%)的比例略高于男性(75%)；从消费者年龄构成来看，40岁以下消费者(80%)主动裂变的比例高于40岁以上消费者(68%)；从细分行业来看，奢侈品、美妆、时尚鞋服、母婴行业的主动裂变比例高于其他行业。在流量越发昂贵的当下，精确搜寻各品类最愿意裂变的人群，同时设计适合的裂变机制，引导消费者主动进行传播和裂变至关重要。

3. 销售渠道从单一化向多元化转变

在传统零售模式中，品牌官方借助付费媒体、广告等营销媒介对产品进行营销并建立销售渠道，消费者经由品牌方建立的销售渠道购买相关产品或服务。因此，在传统零售模式中，品牌和消费者之间未建立直接传播渠道，营销环节和销售环节相互隔离。

在社交零售平台中，营销和销售渠道相互融合，销售渠道模糊化，品牌方与消费者直接交流。如图4-5所示，消费者通过公众号/小程序获知商品具体信息后，可通过公众号或小程序、导购、社群、线下门店等任何渠道进行购买。又如，在公众号或小程序购买商品或服务的消费者可能已通过公众号或小程序、导购、社群、私聊工具、线下门店等各类营销渠道了解并知悉商品的相关信息。根据统计，82%的消费者在进入销售渠道之前已做好购买决策，在美妆和3C数码等行业中，该比例更高达85%。在社交零售市场中，由于品牌拥有了直接运营用户的机会，因此企业需整合营销和销售渠道及能力，考虑用户的生命周期管理，渗透更多用户场景，进行个性化运营。

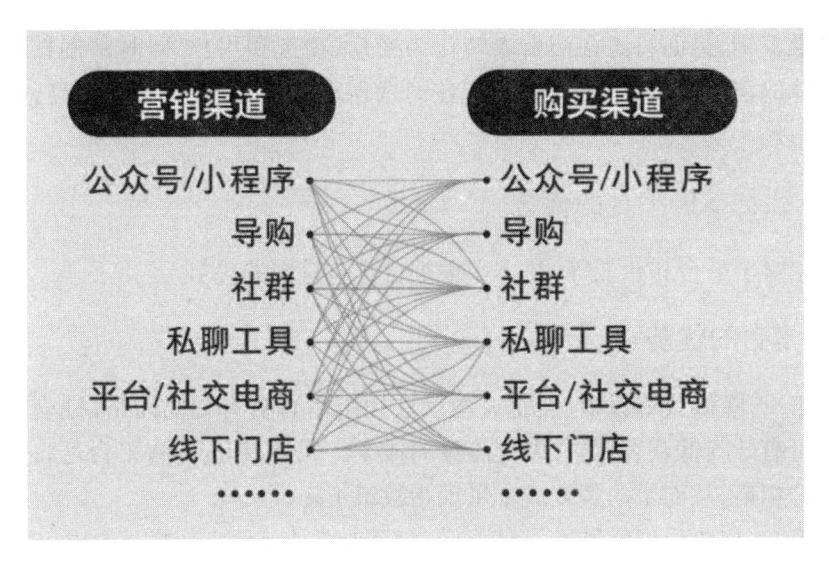

图4-5 社交零售模式下的营销渠道和购买渠道

• 资料来源：作者整理。

4. 零售品牌从大品牌向新潮流和新产品转变

在传统零售模式中，触点较为单一，企业通过大量媒体投放和渠道垄断形成规模优势，建立进入壁垒，从而建立品牌忠诚度。然而，随着企业运营发展到一定阶段，"巨无霸"企业内部的组织、流程将引起效率损失的问题。

在社交零售模式中，仅19%的消费者存在极强的品牌信念，消费者不再是大品牌的追随者。相反，消费者追逐多元化、细分场景下的新产品和新体验，同时追逐即时享受、快速更迭的满足感。例如，完美日记美妆结合文化热点，每月均推出新产品及特别产品。这要求企业在组织上建立可迅速反应并调整的架构、流程、考核体系与试错机制。同时，平台和企业需具备捕捉热点和潮流的敏感度，以及快速在产品、内容、营销方式上进行创新的能力。

5. 运营对象从商品价值向用户价值转变

在传统零售模式中，企业和商家以经营商品价值为主，即以"货"为中心。在社交零售模式中，平台和企业逐步向以"人"为中心转变，以经营用户价值为主。该模式以消费者为中心，通过多渠道、多触点、多方面与客户产生信息互动，依托数字技术更好地识别与理解消费者，洞察消费者需求，实现精准营销,进而将潜在消费者转化为受众、粉丝和用户,同时掌握核心消费群体的消费习惯、生活方式和潜在消费需求,进而提升产品宣传度,迅速抢占市场。

(二)社交零售平台的优势

相对于平台和企业等,社交零售平台具有较强的优势。

1. 对平台的优势

第一,降低获客成本、裂变成本。依托于用户自有社交网络,社交零售平台可有效降低获客拉新、裂变流量的成本。此外,社交零售平台可将用户转为分销商,从而带动裂变成本呈现指数级下降。

第二,打造私域流量池。对于平台而言,无论是线下商场、门店的流量,还是传统电商平台的流量,均属于公域流量,其流量归属权为线下或线上平台,并不属于社交零售运营主体。然而,随着公域流量使用成本的提高,社交零售运营主体的获客成本大幅增加。依托于社交零售新模式,社交零售平台可吸引、沉淀私域流量,打造自有私域流量池,并将客户的终身价值最大化。一方面,私域流量池的打造将大幅降低社交零售平台的边际使用成本;另一方面,社交零售运营主体可将私域流量池出租、转借给其他企业,从而获取相应收益。

第三,客户终身价值最大化。社交零售模式的核心是充分挖掘客户的终身价值,使客户价值最大化,而非无限裂变私域流量。依托于社交,企业与客户、分销商的连接更加高效、充分,降低了交易成本,提高了交易效率,同时规避了传统企业和传统电商交易持续性不足的弊端,提高了交易的成功率和持续性。

2. 对企业的优势

第一,以客户服务为中心,提高零售的效益。在社交零售模式下,企业围绕"人、货、场"来提升人效、货效、场效,最终提高零售效率,从而提高消费者满意度。例如,小米靠社交起家,线上板块有小米商城、小米有品,线下板块有小米之家,社交板块有社交媒体矩阵等。通过这三大渠道,小米从多维度提升了人效、货效、场效,帮助客户提升体验,让社交新零售真正落脚到品质、客户体验和满意度上。

第二，依托社交网络，发挥社会化协助作用。通过社交网络的传播效应，平台可以充分发挥社会化协助作用，获得客户的评价、反馈、建议、支持，用低成本获得民众智慧和支持，然后对产品和服务进行优化、迭代，研发出符合市场需求的产品和服务。例如，2021年，鸿星尔克因捐款引起群众共鸣，抖音账号从原本不到10万关注者，在不到一个星期的时间中暴涨至1000多万，通过直播间里不同的客户的私信、留言、评论，获得了客户的反馈和建议，进而对产品不断优化，跟进新的市场。当新的产品推上市场之后，累积的种子客户第一时间支持鸿星尔克，帮助鸿星尔克完成原始积累。随着社交零售模式的逐步成熟，企业在传统媒体等方面的广告投放逐渐降低，依托于社交媒体的效能，各类企业累积自己的种子，并通过口碑经济的影响，在社交网络中提升企业的知名度、美誉度、忠诚度。

第三，拓宽铺货渠道，降低运营成本。对于企业而言，入驻社交零售平台将在不影响原有交易渠道和模式的情况下，拓宽交易渠道。依托于社交渠道，企业可以将消费者转化成为自己的合作伙伴，发挥他们的社交网络作用，这样企业可以用更低的成本获客、裂变、维护，从而降低运营成本和风险。另一方面，对零售企业来说，库存问题始终是个难题。以消费者为中心的时代，消费者开始逆向牵引生产方式，类似C2B、C2M这样的模式将成为商业的主流，借助大数据赋能、社交工具，企业进行按需定制，企业的无效库存大大减少，这将帮助企业大幅度降低运营成本和风险。

3. 对消费者的优势

第一，为消费者的购买决策提供便利化服务。消费者自有社交网络中的社交关系以及社交零售平台建立的售后评价机制将帮助消费者了解企业产品和服务的质量，进而帮助消费者做出是否购买的决策。例如，消费者在淘宝购物时，将会根据其他用户的评价来判断产品的质量以及适用性，然后再做出购买决策。又如，消费者经朋友的推荐在某社交平台购买特定产品，由于这一采购决策基于朋友之间的信任，因此做出购买决策的速度会大大提升。

第二，提高消费者的购买效率。在社交零售模式中，社交网络的背书缩短了消费者和企业建立信任的时间成本，提高了建立信任的效率，增强了消费者对企业的信任度。此外，对消费者来说，购物信息的不对称或不全面将极大提高退货概率，增大购买假冒伪劣商品的可能性，从而降低购买效率。在社交零售模式中，社交网络中的"口口相传"和信息透明化，加快了消费者购买决策的做出,同时大大提高了消费者购买到满意产品和服务的概率。

第三,提高消费者购买商品的性价比。社交零售时代的到来暗示着经济社会从以生产者为中心转向以消费者为中心。在这一背景下,C2B、C2M这样的消费者逆向牵引生产方式的模式将成为主流。这意味着消费者将用更低的价格购买到更高品质的产品。

专栏:

"拼多多"的后起神话

2018年7月25日,中国社交零售平台"拼多多"正式在纳斯达克上市。在阿里巴巴和京东增速放缓的情况下,拼多多始终保持高速增长,并仍然存在巨大增长空间。"拼多多"后起神话的造就可归因于其创新流量分发模式降低了渠道成本;创新算法模式提高了渠道效率;捕获用户心理突破了市场规模。

1. 创新流量分发模式降低了渠道成本

对于淘宝、京东、拼多多等零售平台来说,商品价格的构成为:商品成本+渠道成本-平台补贴。具体来看:

商品成本:由于拼多多和淘宝对于供应商没有设置排他性的要求,商户和供应商可在两个平台内自由流动,因此拼多多和淘宝的供应商在商品成本上基本相同,并且相同的商品在品质上无差别。对于拼多多和淘宝来说,同质商品的成本几乎相同。

平台补贴:对于拼多多来说,其"百亿补贴"项目起步较早,规模巨大。对于淘宝来说,针对不同细分品类的商品也设置了不同补贴项目。由此推断,拼多多和淘宝在平台补贴上无显著差别。

由此,渠道成本成为影响商品价格的关键变量。造成拼多多和阿里渠道成本不同的根本原因在于,拼多多的渠道方式和渠道效率完全不同于淘宝。

拼多多与阿里本质上都是以流量运营为手段、以流量出售为生的平台型商业主体,通过平台商业模式和技术方案,摊薄成本,形成生态闭环。然而,拼多多和淘宝的最大区别在于两者采用了不同的流量分发模式,且互不兼容。淘宝的流量分发模式类似于"收费站",即巨大的流量涌入平台,平台再向各个商户引流,但是要收取入驻费用和推荐位的广告费。但是拼多多的拼购模式,则是依靠用户之间的强关系形成推荐来实现流量分发,将原为平台所有的流量费让渡给推荐者,同时从理论上来说也无需向商户收取流量费用,所以供应商会愿意给出比其他平台更低的价格,这就是拼购最根本的商业逻辑。

与阿里相比,拼多多在商业模式上,通过构建与消费者及供应商之间的新关系形成突破,巧妙地避开了阿里的技术和算法优势,对阿里进行了"降维打击"。

2. 创新算法模式提高了渠道效率

提升渠道效率是降低渠道成本的另一种方式。零售的本质是提供商品与消费者之间的连接,这不仅包括信息,也包括履约等方面。连接的顺滑度、质量反映了渠道的效率。在摸索提升渠道效率的路径上,拼多多创造了超越阿里、京东、苏宁等所有电商巨头现行方式的新路径。

不同于传统的电商平台,在建立商品与消费者的连接关系的环节,拼多多并没有依赖传统的大数据算法,而是使用了一种"人肉算法"。助力拼多多起势的拼购模式表现为一个人将其希望购买的商品推荐给另一个可能购买的人,这每一次的推荐背后都蕴藏着一套独特的、隐形的算法,由用户主动参与连接需求与商品,远比其他电商平台的大数据推荐算法有效。具体表现在:

一是人肉算法形成的连接关系,可以找到适合的商品。

潜在消费者通过信息的收集,逐渐明确其商品诉求。与此同时,社交零售平台通过后台算法向消费者推荐匹配其需求的商品,帮助被推荐人搜寻商品。例如,一位家庭主妇在拼多多上看到一套炊具,并且炊具在质量、价格等各方面都符合她的需求,那么这一步是由人找到商品的过程。

二是人肉算法形成的连接关系,可以找到适合的人。

找到合适的商品之后,拼多多会告诉用户,找人拼购价格会优惠很多,这时用户将打开微信,推荐给其他人。但是,这个过程一定不是随机推荐的,因为需要考虑很多问题,例如,被推荐人和自己熟不熟、他有没有下厨需求等。如何找到这个合适的人选,就是下一步需要解决的。

三是人肉算法形成的连接关系,具有同理心。

用户在推荐商品购买链接时,大概率会找另一个具有与自己同等消费水平、关系相对密切的朋友。这实际上是一种说服策略,用户考虑过他和产品之间的关系后,再考虑到朋友和这个商品之间可能也有相同的关系。这其实也是最区别于机器算法的一点,因为机器算法是不具备同理心的,而同理心本就因人而异。

四是人肉算法形成的连接关系,符合影响力原则。

通过友好、相似、权威来影响被推荐者,是在建立商品与消费者之间连接方面高效率的另一原因。推荐者有说服被推荐者的责任,因此推荐人不仅要考虑商品和被推荐人之间的关联性,还要考虑自己能够在多大程度上、使用何种方式说服对方。

这种人肉算法的推荐效率显著高于阿里、京东、苏宁,拉低了"渠道成本"。在拼多多人肉推荐模式的整个流程中,最大的价值即体现在信息价值上。即A用户将商品推荐给B用户,完成了商品的初步选择、商品信息介绍和初步决策。无论是B用户本身就对该类商品有需求(例如A、B二者都是宝妈,都有购买尿不湿的需求,A发现更便宜、更优质的尿不湿推荐给B),或者是B因为A的推荐获得刺激,从而产生需求(例如A、B是闺蜜,A推荐了一款衣服,本来B没有购买意向,但是两个人讨论到下个月要参加C的婚礼,正好需要;或者是基于某种人情关系,例如A、B是上下级关系,B为了情面参与A发起的拼购),都提示我们在构建商品与消费者关系时,不仅要考虑算法技术,还需考虑算法连接的形式,更需要构建拟人化的友好场景。

3. 捕获用户心理突破了市场规模

2019年下半年,拼多多发起的一个席卷微信群和朋友圈的营销活动——"天天领现金,打款秒到账"。游戏规则是拼多多先给用户一定数额的红包,但是需要其他用户帮忙点击助力到100元或200元才能提现。前几次用户的助力额都非常大,然后逐渐减少,到接近提现额的时候,一个老用户只能助力1分钱。并且,助力次数有限,如果继续找老用户,那么任务就会面临失败。相反,拉新用户可以助力大额红包。这一活动顺利帮助拼多多完成了至少4亿用户的促活,并成功突破了向上级市场拓展的瓶颈。拼多多将用户作为新的价值链角色,使之参与到价值创造过程中,将更多的价值要素纳入网络,也将用户之间的关系由竞争变为业务合作伙伴(客户)。

三、社交零售平台的发展困境

虽然社交零售平台具有显著特点和优势,但其发展面临的困境也不容忽视。本节将分别从平台、商家和消费者的角度剖析社交零售发展所面临的主要困境。

(一) 社交零售平台的困境

第一,缺乏系统而完备的关键绩效指标评价体系。完备的评价指标体系是社交零售平台建立企业生命周期管理的基础和前提。然而,关键绩效指标体系的缺位是目前社交零售平台进行外部资源管理的最大痛点。根据统计,53%的企业认为目前缺乏衡量社交流量价值的合理方法。此外,从社交零售交易的环节来看,41%的企业认为缺乏从消费者点击到传播等各环节绩效的追踪。特别是对于网络红人、明星、相关领域专家等 KOL 来说,他们除了具有媒介流量价值外,具有更大的内容价值。即他们除了能作为一个媒介使用,触达到他的粉丝群体外,还能用自己的专业背景和人格魅力为品牌背书,然而现有的度量体系无法衡量达人的这部分内容价值。根据统计,36%的企业认为缺乏对网红、明星、相关领域专家等 KOL 实际影响力的量化工具[1]。

第二,难以对商品质量和服务进行有效监管。交易质量对用户体验产生显著影响,社交零售平台提供的基础服务、承诺履行的准确性和及时性、商品和服务的可选择性等均影响客户对体验效果的评价[2]。然而,社交零售行业以个人从业者为主,其货物来源渠道分散且庞大,个人从业者为 C 端用户提供的诸如商品销售、售后等服务难以实现规范化。一旦出现假冒伪劣商品,将对社交零售平台用户购买体验造成较大影响,进而对平台及品牌方以及消费者造成损失。根据中国消费者协会发布的《直播电商购物消费者满意度在线调查报告》显示,"夸大其词""假货太多""鱼龙混杂""货不对板"是消费者对商品质量方面的集中反馈,也是消费者对直播电商购物过程

---

[1] 腾讯营销洞察.2020 中国"社交零售"白皮书[R/OL]. [2020-01]. https://research.tencent.com/report?id=9d.
[2] 王月辉,刘爽,唐胜男,吴水龙. B2C 社交电商平台顾客在线购物体验质量测量与实证研究[J],北京理工大学学报(社会科学版),2021, 23(03):71-85.

中相对集中的关注点(图 4-6)。

图 4-6　消费者对直播电商行业的反馈

• 资料来源：中国消费者协会：《直播电商购物消费者满意度在线调查报告》，https://cca.cn/zxsd/detail/29532.html，2020 年 3 月 31 日。

第三，运营模式易发展为传销。《中华人民共和国禁止传销条例》规定，涉嫌传销的三要素包括：一是门槛费，交钱加入后才可获得计提报酬和发展下线的"资格"；二是分级代理模式，即按照一定顺序组成层级，根据直接或间接的拉人数量给予奖励；三是团队计酬，上线从直接或间接发展的下线之销售业绩中计提报酬，或以直接或间接发展的人员数量为依据计提报酬或者返利。在社交零售平台的运营过程中，部分平台发展时可能变相地不以实际商品销售为目的，而是以拉人头无限裂变为目的，发展成为传销模式。这些都不利于行业的健康发展。

(二) 社交零售商家的困境

第一，社交零售平台之间的对抗式竞争导致社交零售商家易被平台套牢。社交零售平台之间的对抗式竞争导致产业运行效率低下，并造成多输结果。例如，平台因连接海量消费者，实现分散化交易，成为商户获客的重要渠道。社交零售平台通常比商户的谈判能力更强，因而可以从商户处攫取高昂的平台接入费。而商户要么接受高接入费，要么被迫离开平台。通过强制"二选一"协议,商户将被平台套牢。随着电商平台的日趋集中,平台扣点率也不断提高,特别是外卖平台对商户的抽佣比例曾一度超过20%[①]。

第二,社交零售平台之间的对抗式竞争加剧品牌商和渠道商之间的博弈。电商产业内的竞争行为是错综复杂的,既有平台之间的竞争,也有不同品牌之间的竞争,还有同一品牌在同一平台内及不同平台之间的竞争。以最近多品牌声明未对某平台的店铺授权为例,可以看出平台的补贴行为,造成了品牌商与渠道商间的博弈。实际上,如果品牌商的不同代理商入驻不同的电商平台,那么,实行补贴的平台上的代理商将具有价格优势,对其他平台上的代理商构成不平等,导致品牌商的渠道体系混乱,甚至还会因为低价而损害品牌商的品牌声誉。

第三,供应链端竞争力不明显导致商家之间的同质化竞争明显。在社交零售模式中,很多社交零售厂商并没有自己的供应链优势,高毛利产品只有化妆品、保健品等相对利润空间较大的产品。与传统电商渠道和传统零售模式相比较,社交零售厂商在电子产品、快消品等产品上均无显著的价格和品质优势,产品同质化竞争严重,甚至部分产品价格高于传统电商渠道和一般的零售渠道。

(三)社交零售消费者的困境

与传统的综合电商平台和线下购物商店相比,社交零售平台的品控问题突出,平台监管不够完善。根据艾媒咨询的调研数据显示,近一半的消费者认为通过社交零售平台购买的商品质量难以得到保障。超过40%的消费者认为社交零售平台购物存在个人信息泄露以及商品的售后服务体系不够完善等潜在风险。

第一,市场准入门槛低,商品质量难以保障。通过社交零售平台销售商品的市场准入门槛较低,经过简单的培训即可展开相关业务,无须掌握综合且复杂的专业知识。此外,个人卖家无须进行登记注册获得工商营业执照就可展开经营,或者未按相关要求公示资质信息或自然人身份信息。例如,在微商模式中,销售者仅需通过上级代理的协助将相关商品信息发布至朋友圈,熟人通过朋友圈即可直接购买。随着社交零售市场的迅速扩大,用户

[①] 澎湃网.拒绝零和对抗,走出电商竞争的"伯川德式"困境[EB/OL].[2020-08-19]. https://www.thepaper.cn/newsDetail_forward_8774656.

基数呈几何级数增长，社交零售商品"以次充好""三无"，以及外包装、实物、说明书三者内容不符等问题日益突出。此外，一些社交电商经营者不提供购物发票和相应凭证，一旦发生质量纠纷，消费者也存在维权取证难题。

第二，平台监管不健全，个人信息难以维护。很多购物小程序在初次登录时都默示推荐微信登录或者手机号码登录，且大多都以同意"隐私政策"为前提条件。购买者一般不会仔细阅读就直接允许，很有可能造成个人信息的泄露。例如，某社交电商侵犯消费者个人隐私权案件，经查，当事人在消费者注册的时候，跳出对话框让当事人确认，详细信息为："需要使用通信录权限，您是否允许？"在隐私设置项目中，存在"允许通过手机通讯录加我为好友"选项，一般默认设置为开启，如此一来，消费者的隐私被陌生人了解。

第三，销售方式较隐蔽，售后服务不够完善。由于社交平台具有一定的隐蔽性，一些卖家的商品展示、下单、付款等环节在平台控制外的第三方网页上，且不在消费者账户页面显示订单交易情况。一些卖家的流量入口是信息流广告、微信好友分享的链接，这些入口非常不稳定，随时有可能被删除或下线，一旦发生纠纷，消费者往往难以再次找到这些链接，找到了也很可能打不开。此外，当消费者与卖家发生冲突时，部分卖家甚至通过拉黑、删除消费者的方式处理，导致消费者的相应权益得不到保障。

第四，营销链上主体多，适格被告难确认。以社交媒介为平台的零售新模式，其营销手段日趋精准、丰富，主要包括利用网络直播带货、公众号软文营销、博彩游戏、促销抢拍、社群团购等手段。在这条营销链上，包含了直播主播、卖家、短视频平台、消费者、社交平台、品牌方和媒体运营方等多个主体，涉及买卖、广告、分销、代理等多重法律关系。一旦消费者想要维权，就可能会出现卖家与主播、平台等相互推诿责任的情况发生。特别是在消费者与卖家或主播是以私信方式达成交易的情况下，平台方往往会拒绝承担赔偿责任[①]。

四、社交零售平台的发展趋势

基于前文分析，本节将对社交零售平台发展的未来趋势进行展望，明确

---

① 腾讯网.社交软件变卖货平台 产品质量、个人隐私却难保障[EB/OL].[2020-07-23]. https://new.qq.com/rain/a/20200723A0TC2O00.

社交零售平台发展的主要方向。

(一)视频和直播将成为社交零售平台的主要引流方式

随着社交零售平台的不断发展,社交零售平台的营销模式从过去的文字、图片逐步扩大为现在的视频、直播游戏等。其中,视频具有引流的优势,直播更容易达成交易,二者结合推动零售模式实现迭代。根据统计,平均每个网民每天刷1.52小时短视频,占每日人均App使用时长的29.8%,短视频平台已成为消费者感知社交零售信息的最主要渠道。

与传统营销模式相比,视频和直播具有以下显著优势:一是时效性强,视频和直播更符合消费者的阅读习惯,快节奏、碎片化,实时展示商品内容;二是互动性强,特别是在直播模式中,观众能够通过提问、留言等模式与主播进行互动,从而提高观众的参与度;三是成本低,视频和直播的成本相对较低,仅需要一部手机或摄像头即可实现;四是内容丰富,直播和视频模式可实时、立体地展示商品内容,从而使得观众对商品内容具有更加直观、多维的了解;五是易于转发和传播扩散。

(二)存量用户将成为社交零售平台的深耕领域

中国的互联网发展大致可分为三个阶段。

在第一阶段,即从2000年到2010年的PC互联网时代,每年网民增长率超过20%,处于"粥多僧少"的流量红利期,获客非常容易,获客成本极低。

在第二阶段,即从2011年到2014年的移动互联网发展期,随着PC端竞争的日益加剧,移动互联网迅速崛起,在此期间,手机网民增长率接近20%,且手机上的App还在爆发式增长时期,同样是处于"粥多僧少"的流量红利期,移动端获客成本极低。

在第三阶段,即2015年以后,移动互联网进入成熟期。根据《第49次中国互联网络发展状况统计报告》数据显示,截至2021年12月,中国网民规模为10.32亿,较2020年12月新增网民4 296万,互联网普及率已高达73.0%,较2020年12月提升2.6个百分点。从移动端看,截至2021年12月,我国手机网民规模为10.29亿,较2020年12月新增手机网民4 373万,网民中使用手机上网的比例为99.7%(图4-8、图4-9)。2020年非网民群体在出行、消费、就医、办事等方面的不便,推动了互联网和移动端的渗透率。可以推断,随着网民高增长的态势难以为继,互联网用户不再具备增量空间,红利见顶将带领社交零售进入获客成本高的存量时代。此时,如何提高用户留存时长和光顾频次成为企业运营的关键,这将驱使线上企业创新营销模式,在开拓下沉市场的同时进一步开发私域流量,深耕存量用户价值。

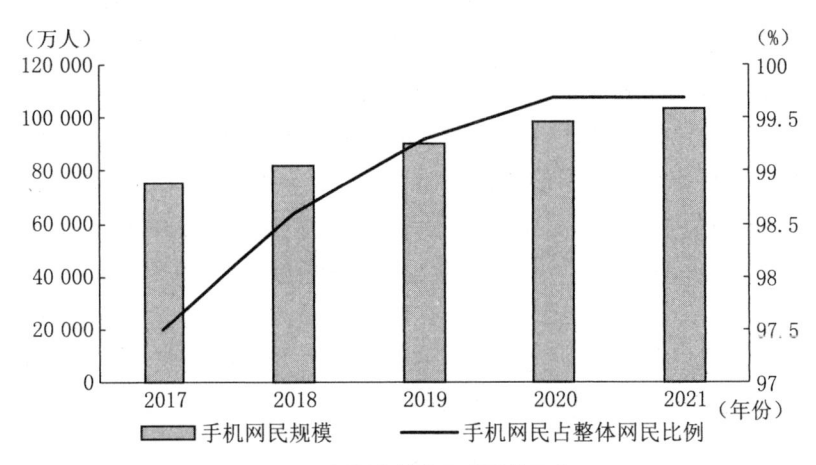

图 4-8　网民规模和互联网普及率

- 资料来源:中国互联网络信息中心:《第 49 次中国互联网络发展状况统计报告》,http://source.single.busionline.com/第 49 次中国互联网络发展状况.pdf,2022 年 2 月。

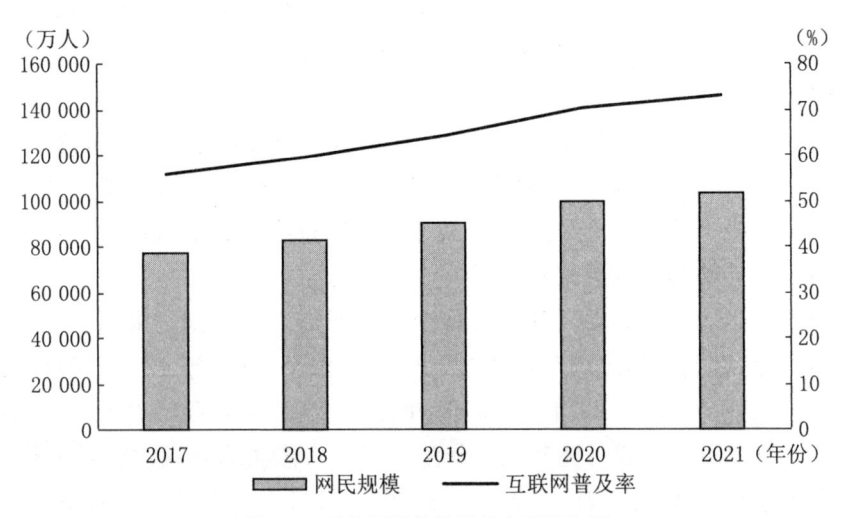

图 4-9　手机网民规模及其占网民比例

- 资料来源:中国互联网络信息中心:《第 49 次中国互联网络发展状况统计报告》,http://source.single.busionline.com/第 49 次中国互联网络发展状况.pdf,2022 年 2 月。

（三）场景角色将成为社交零售平台运营的重要环节

随着社交零售平台的不断发展，平台、厂商、消费者之间将形成更友好的新型关系，场景将成为最终价值链中的重要一环。具体来看，场景角色是指在价值链中能够起到激发用户需求、识别用户需求、提供决策相关信息的，具有独立身份、价值诉求和能力的市场主体。

在传统零售模式中，"渠道"概念服务于用户的消费行动阶段，它的目标是为用户提供高效、安全、良好的消费体验，如便捷地找到想要的商品，实现一次性打包下单，安全地完成支付，高效地进行商品交付（仓储、物流、退换货服务、售后服务等）。与之相比，场景则服务于用户的需求和决策阶段，要求提供客观、可信、聚焦的商品信息服务（图4-10）。

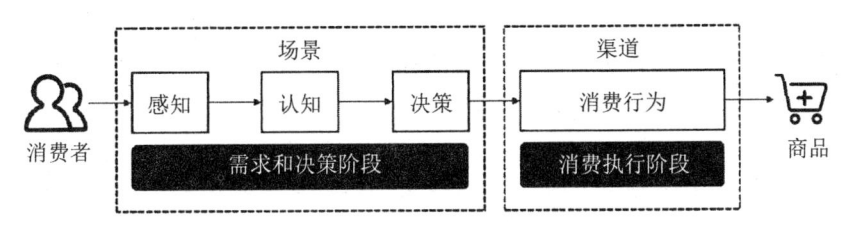

图4-10 新零售渠道和场景的服务阶段区分

• 资料来源：殷晖、乔培臻、俞书琪《未来零售：解锁新零售的关键模式》，浙江大学出版社2021年版。

一方面，场景通过提升信息服务能力，带动消费者回归自身需求。场景作用的本质在于将消费者的注意力从产品特征转移到用户的自身需求，基于对客户需求的理解及洞察，通过具有同类需求用户的经验指导，搭建出合理的商品分析框架，从而为不同的顾客推荐合适的商品及服务，定制个性化的解决方案。当消费者意识到这是自己需要及时满足的需求时，更容易做出购买决策。此外，场景的搭建避免了直接向用户介绍产品功能的好处，规避了用户对产品功能的过多关注及过高预期。

另一方面，场景对传统渠道进行价值重塑。场景角色的引入使传统的渠道由中心化电商平台，向场景化专属渠道转化，由此重塑渠道广度的衡量模式，从消费者个性、价值观、需求、行为习惯等方面影响消费者的消费行为，增加渠道深度，通过提高供给侧和需求侧的对称性，实现渠道顺滑度的提高[①]。

---

① 殷晖,乔培臻,俞书琪.未来零售:解锁新零售的关键模式[M].杭州:浙江大学出版社,2021.

（四）合法合规经营将成为社交零售平台的基本要求

随着直播、拼团等社交零售模式的兴起，一些网络主播和微信群主在获取巨额收入的同时，运用各种手段想方设法逃避纳税义务。例如，2021年12月，税务部门发布通报，某头部网络主播在2019年至2020年间，通过隐匿个人收入、虚构业务转换收入性质、虚假申报等方式偷逃税款6.43亿元，其他少缴税款0.6亿元。随着《关于进一步深化税收征管改革的意见》的发布，法人税费信息和自然人税费信息将分别实现"一户式""一人式"智能归集，实现直播等社交零售行业税收征管的规范化，引导社交零售行业的健康可持续发展。

此外，由商务部批准、中国互联网协会具体实施的移动社交电商领域首部国家级行业标准《社交电商经营规范》的制定工作已经开始，这一行业规范将对社交零售行业进行重新洗牌，清退不良企业，对整个社交零售行业的健康发展产生积极影响，推动社交零售行业合法合规经营。

（五）个人隐私保护将成为社交零售平台的重要议题

据中国互联网络信息中心发布的《2019年中国网民信息安全状况研究报告》显示，77.7%的被调查网民遭遇过信息安全事件。此外，根据2015年《安联风险晴雨表》显示，与网络犯罪和数字安全事件相关的风险是2015年全球五大商业风险之一，[1]随后世界经济论坛《2015年全球风险》再次证实数字信任风险已成为发生概率最高的主要风险之一。[2]

面对这一困境，我国个人信息保护力度逐渐加大。一方面，在立法层面，让个人信息保护有法可依，正在成为重要趋势。从表决通过《民法典》，到《数据安全法（草案）》《个人信息保护法（草案）》陆续出台，我国网络空间法治建设稳步推进。另一方面，在监管层面，2019年1月，四部门联合发布《关于开展App违法违规收集使用个人信息专项治理的公告》，并成立"App专项治理工作组"。App违法违规收集使用个人信息专项治理工作在全国范围内不断推进。

---

[1] Allianz. Allianz Risk Barometer 2015：Businesses exposed to increasing number of disruptive scenarios. Press Release, Allianz, www.agcs.allianz.com/about-us/news/press-riskbarometer2015/，2023-07-31.
[2] World Economic Forum(WEF). Global Risks 2015；10th Edition[M]. Geneva：WEF, 2015. http://www3.weforum.org/docs/WEF_Global_Risks_2015_Report15.pdf.

综上所述,目前,国内外学者对社交零售缺乏统一的定义。本章提出社交零售是指以个体自然人为单位、通过社交工具或场景、利用个人社交圈的人脉,进行商品交易及提供服务的新型零售模式,其本质是"社交＋零售"。目前,中国社交零售的发展已进入融合、迭代、升级的第三阶段,即以平台为核心,通过整合供应链多元品类及品牌开发线上分销商城,招募大量个人店主,平台负责产品分发。按照社交零售商业形态的不同,可将社交零售分为拼购型、社群型、分销型和内容型四类。

与传统零售模式相比,社交零售平台具有以下特点:一是社交影响零售;二是传播途径从中心化向去中心化转变;三是销售渠道从单一化向多元化转变;四是零售品牌从大品牌向新潮流和新产品转变;五是运营对象从商品价值向用户价值转变。对于平台来说,社交零售可降低获客成本、裂变成本,打造私域流量池,实现客户终身价值最大化。对于企业来说,社交零售以客户服务为中心,提高零售的效益;依托社交网络,发挥社会化协助作用;拓宽铺货渠道,降低运营成本。对于消费者来说,社交零售为消费者的购买决策提供便利化服务,提高消费者的购买效率,提高消费者购买商品的性价比。

然而,社交零售平台的发展也面临着很多困境。对于平台来说,缺乏系统而完备的关键绩效指标评价体系,难以对商品质量和服务进行有效监管,运营模式易发展为传销。对于企业来说,社交零售平台之间的对抗式竞争导致社交零售商家易被平台套牢,社交零售平台之间的对抗式竞争加剧品牌商和渠道商之间的博弈,供应链端竞争力不明显导致商家之间的同质化竞争明显。

着眼未来,社交零售平台的发展可能存在以下五大趋势:一是视频和直播将成为社交零售平台的主要引流方式;二是存量用户将成为社交零售平台的深耕领域;三是场景角色将成为社交零售平台运营的重要环节;四是合法合规经营将成为社交零售平台的基本要求;五是个人隐私保护将成为社交零售平台的重要议题。

第五章
虚实相生：奋起直追的实体线上平台

在各类新零售交易平台中，实体线上平台虽然起步相对较晚，但近年来通过快速发展已缩小与其他交易平台的差距。实体线上平台最突出的特性在于其同时拥有实体门店和线上平台，通过两种渠道的相互结合取长补短，增强其获取市场份额的能力。本章首先关注实体线上平台的发展情况，总结其发展过程中展现出的优势和面临的实际困难，最后根据其优势和困难指出其未来可能的发展趋势。

一、实体线上平台的发展情况

近年来，我国线上零售呈蓬勃发展态势。2022年我国实物商品线上零售额近12万亿元，占商品零售总额比重达31.9%（图5-1、图5-2）。2020年，居家生活刺激线上消费，同时我国出台多项政策支持数字经济发展，为

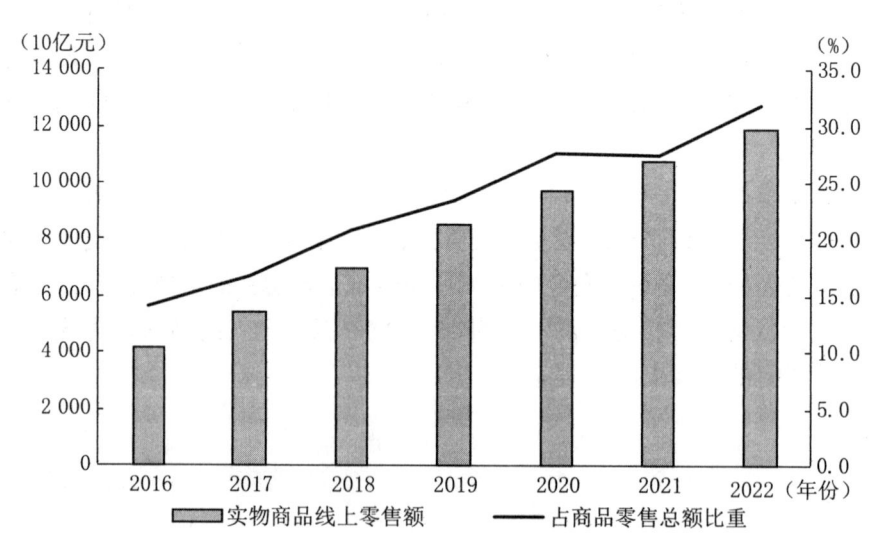

图 5-1　中国线上零售规模变化趋势

• 资料来源：国家统计局，https://data.stats.gov.cn/easyquery.htm?cn=A01。

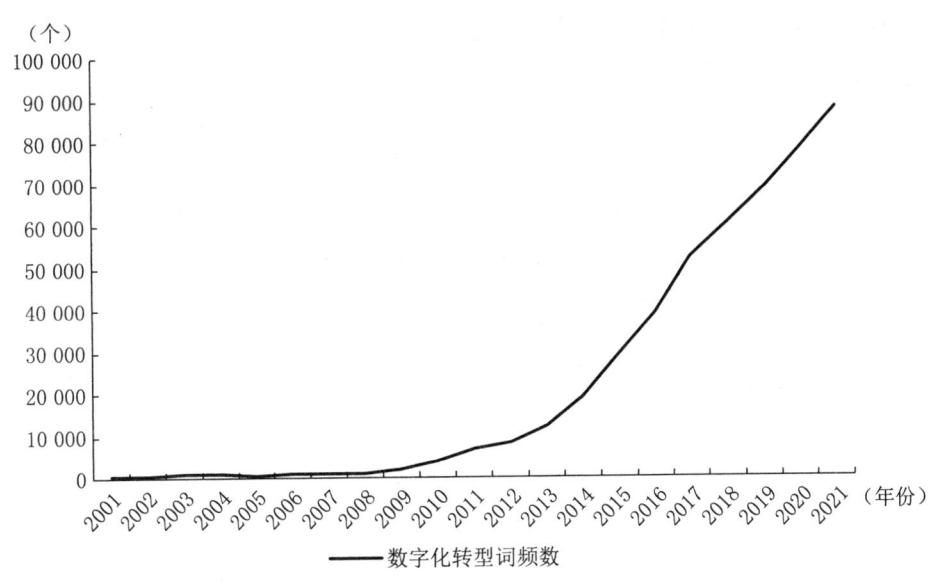

图 5-2　零售业上市公司数字化转型发展趋势

- 资料来源：笔者参考吴非等①方法基于 wind 数据库数据计算得到。"零售业上市公司"根据 2022 年《国民经济行业分类》在所有上市公司中筛选得到。

电商平台等新零售业态创造发展环境，驱动线上零售持续扩大市场份额。其中，实体零售商积极开展线上业务，为网上零售增长做出重要贡献。从零售业上市公司数字化转型水平可以看出，实体零售商自 2013 年起加快数字化转型进程，数字技术及数据要素的应用强度快速提升，推动新零售在实体零售领域不断渗透其影响力。

随着数字化转型程度的提高，实体零售商的数字化属性从最初的内部信息化依次向线上化及智能化方向过渡，并最终以更为多元的整体平台化为目标做出转变，实体零售生态圈在数字经济的影响下加强新零售特性（图 5-3）。实体零售商利用数字技术和数据要素赋能实体门店开展新兴业务，同时应用门店具有的传统优势开拓线上市场，线上线下互相配合，通过双渠道合力共生获得新发展动能。

具体来看，实体线上平台在近年来致力于实现线上化发展，在此过程中主要确立了"自营线上平台"和"对接第三方线上平台"两条可行的路径，并形成了各不相同的发展状态。本节对实体零售商在这两条路径的发展状态

---

① 吴非，胡慧芷，林慧妍等.企业数字化转型与资本市场表现——来自股票流动性的经验证据[J].管理世界，2021, 37(07):130-144, 10.

分别做出介绍,展现其各自的布局特色。

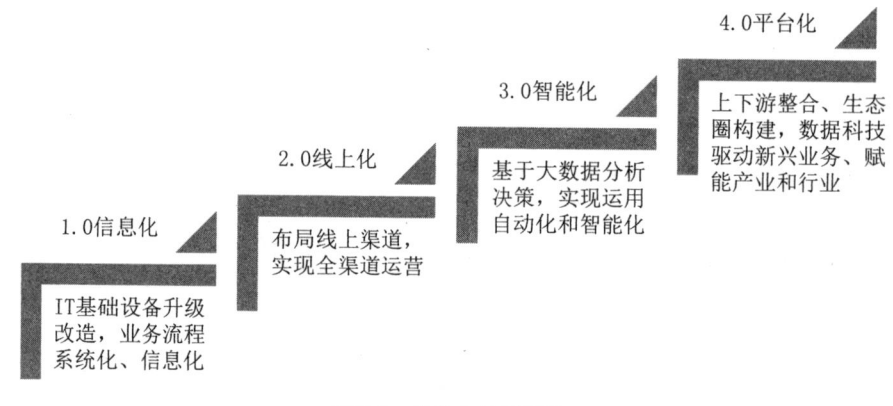

1.0 信息化
IT基础设备升级改造、业务流程系统化、信息化

2.0 线上化
布局线上渠道,实现全渠道运营

3.0 智能化
基于大数据分析决策,实现运用自动化和智能化

4.0 平台化
上下游整合、生态圈构建,数据科技驱动新兴业务、赋能产业和行业

图 5-3 数字化转型阶段

- 资料来源:麦肯锡《2022 年中国零售数字化白皮书》,https://www.mckinsey.com/cn/our-insights/our-insights/2022-china-retail-digitalization-whitepaper,2022 年 9 月。

(一)自营线上平台

在新零售时代,自营线上平台的发展成为零售行业的一个重要趋势。实体线上平台通过整合线上线下资源、打造自营线上门户网站、布局线下智慧零售、自建数字化物流平台及构建线上线下全渠道经营模式等方式,实现了快速发展和转型升级。

第一,打造自营线上门户网站,准确把握消费需求风向。

实体线上平台通过打造自己的线上门户网站,准确把握消费需求风向,不断优化和提升用户体验,进一步抢占市场先机。

具体来说,实体线上平台先通过自建线上门户网站收集消费者数据。门户网站是实体线上平台在线上渠道提供服务的基础,它首先为消费者打造便捷的购物平台,在此基础上记录消费者在网站上的操作足迹。由于门户网站是由实体线上平台自行建立,因此在遵守国家政策规定的前提下无须受到更多第三方平台可能做出的数据使用规定限制。实体线上平台可以由此获取颗粒度更加细致的消费者浏览及交易数据。在此基础上,实体线上平台运用人工智能等技术挖掘消费者数据蕴藏的丰富信息,并根据信息调整产品和服务的外观设计及内在功能等,围绕消费者需求定制最符合市场偏好的产品和服务,为抢夺市场份额提供竞争力。

第二,布局线下"智慧零售",加强门店体验属性。

实体线上平台在发展中注重布局线下的"智慧零售",加强门店的体验属性。实体线上平台利用数字技术对自营实体门店及超市做出数字化改造,将其转型为具有多元化消费场景的实景体验超市。在这样的超市中,消费者可以品尝到门店自营品牌推出的食品、饮料等,还能够参与到友商品牌设计的游戏和体验活动,在增加消费者店内停留时间的同时让消费者亲自体验相关自营及友商品牌的产品质量,以体验属性赋能实体门店以增加产品销售转化率。苏宁易购的"苏鲜生"就是这种实景体验超市的实例之一。消费者能够在超市内购买生鲜,还可以现场体验食品烹饪、游戏试玩等活动。国美在线也推出了"真快乐 App 体验中心",使消费者可以在线下通过 App 了解产品,同时提供智能支付系统让消费者通过手机扫码快速完成支付,此外还引入 VR 技术加强消费者的临场体验质量。

第三,自建数字化物流平台,以数字技术赋能供应链高效运转。

实体线上平台在探索和创新过程中注重自建数字化物流平台,以数字技术赋能供应链的高效运转。苏宁易购等实体线上平台通过建立先进的数字化物流系统,实现了对供应链各个环节的有效管理和优化,为其带来诸多效益。

首先,实体线上平台通过自建数字化物流平台,可以实现对供应链的全面管控。传统实体门店依赖人力完成货物搬运和远程运输工作,不仅效率较低,而且人为活动容易出现误操作风险及安全事故隐患。数字化物流系统能够整合线上网站和线下门店渠道的海量订单数据,通过智能化设备和机器人的自动化操作有效地管理仓储、补货等物流环节。[①]例如,苏宁易购建立的"超级云仓"和"指南针"智能仓储控制系统实现了对库存的实时监测和补货流程的自动化管理。这样的数字化物流平台使得供应链的各个环节可以更加高效地协同运作,提高物流的准确性和可靠性。除此以外,数字化物流系统还可以利用数字技术进行智能路线规划,选择物流成本最小化的运输路径来保障物流网络整体运转的流畅性。

另外,自建数字化物流平台还可以在需求侧为消费者优化售后服务的体验。实体线上平台将自建的数字化物流平台信息与消费者进行对接,使消费者可以在网站或 App 上随时查看商品运输情况及预计到达时间,减少产品运输过程不透明可能造成的产品丢失、运输时间过长等问题。例如,苏

---

① 张鹤,唐天斌.数字化时代新零售企业竞争现状与对策[J].对外经贸,2021(08):117-119.

宁易购的星图运输管理系统就可以利用卫星定位和物联网技术全程跟踪产品移动过程,利用数字技术智能化特性自动管控物流系统运作。

第四,推出App,以微型平台形式增强与消费者的互动。

近年来,随着移动互联网的快速发展,实体线上平台也开始意识到自营端业务的重要性。App已成为企业与消费者互动的重要渠道。它作为微型平台,具有小而全的特性,可以随时开启沟通窗口,与消费者进行购买商品所需的多种互动。

以来伊份和天虹为例,它们通过推出App打造产品购买的虚拟空间,成功与消费者建立了更紧密的联系。[1]通过这些App,实体零售商可以追踪消费者的访问和购买行为,通过了解消费者的需求和偏好发现潜在的市场机会,并基于这些数据提供精准推荐和个性化服务。

此外,App还具备定期推送的功能,可以向消费者发送个性化的推送消息。App的推送功能使消费者即使没有打开App也可以在使用移动设备的过程中接收到产品推荐信息。消费者对推送消息的反应情况也能够为实体线上平台判断产品在市场的关注度提供依据。消费者点击进入后,实体线上平台可以进一步推送细化的产品信息,引导消费者深入浏览符合需求的消息内容。实体线上平台利用App收集推送得到的消费者数据可以准确把握消费者心理需求,并根据其使用习惯在合适的时间推送能够引起消费者兴趣的产品信息,从而增加产品成功售出的概率。

除了数据分析和推送引导,App还能够提供更加便捷的购物体验。实体线上平台基于自营平台能够推出线上支付服务,使消费者无论是在固定的地理位置还是在移动的交通工具上都可以随时完成产品的购买。App还能够保留历史订单,使消费者在二次购买时可以一键操作完成产品的再次购买,简化消费者产品购买流程。

第五,构建线上线下全渠道经营模式。

实体线上平台通过线上线下全渠道经营模式,将线上的优惠活动和线下的实体店铺相结合,为消费者提供了更丰富的购物选择。

首先,实体线上平台通过整合线上线下资源,实现了会员结款的统一化。消费者只需在注册会员时提供一次个人信息,即可在各个渠道使用同一账号进行结款。这样的统一化结款方式,为消费者提供了更便捷的支付体验。[2]无

---

[1] 李晓雪,路红艳,林梦.零售业数字化转型机理研究[J].中国流通经济,2020,34(04):32-40.
[2] 张欣欣.数字化浪潮下我国零售企业变革趋势及框架[J].商业经济研究,2021(23):109-112.

论是在线上购物还是线下购物,消费者只需通过账号登录并选择付款方式即可完成结款。相比于传统的分散支付方式,会员结款的统一化使得消费者无须记忆多个账号和密码,也无须频繁切换支付方式,通过简化支付流程节省了时间和精力。通过会员结款的统一化,实体线上平台还可以更好地管理会员信息和购物记录。[①]无论是线上购买还是线下购买,消费者的购物记录都可以被系统保存并关联到其账号。消费者可以随时查看自己的购物记录、积分累积情况以及优惠券的使用情况。同时,实体线上平台可以根据消费者的购物偏好和历史记录提供个性化的推荐和优惠活动,增加消费者的购买欲望和满意度。

其次,实体线上平台通过全渠道经营模式实现了物流管理的统一化,为消费者提供更为高效的配送服务。实体线上平台将线上平台和实体门店的物流运输系统进行整合,利用线上平台的数据分析能力对所有实体门店与线上平台的配送网络进行资源配置优化计算,共享彼此间的线下物流站点资源,保障产品能够被第一时间配送给消费者。通过自营线上物流系统,实体线上平台还可以提供灵活多样的配送方式供消费者选择。消费者可以基于自身的实际需求登录线上平台的物流运输板块,在其中选择线下取货或送货上门。在地址选择出现错误的情况下,消费者还可以在线上平台随时修改送货地点,减少错误配送造成的额外成本。

这种物流的统一化不仅提高了消费者的购物便利性,也增加了消费者的满意度和忠诚度。消费者可以在购物过程中享受到快速、可靠的配送服务,无须等待过长时间就能收到商品。同时,实体线上平台通过及时配送和高效物流管理,提供了更好的消费体验,增强了消费者对平台的信任和认可度。

综上所述,实体线上平台通过打造自营线上门户网站,布局线下智慧零售,自建数字化物流平台,构建线上线下全渠道经营模式等,实现了快速发展和转型升级。通过观察苏宁易购和国美在线两大实体线上平台的运作,我们可以看到实体线上平台的自营模式在新零售时代的重要地位和潜力。

(二)对接第三方线上平台

在当前数字化时代,传统实体零售面临着种种挑战,如市场竞争激烈、

---

① 高会生,王成敏.基于动态能力理论的实体零售企业数字化转型探析[J].商业经济研究,2020(01):79-83.

线上销售渠道迅速崛起等。为了应对这些挑战,实体零售商不仅可以选择自营线上平台,还可以与第三方线上平台进行合作。实体线上平台通过开设平台认证官方网店、开通微信小程序、利用线上平台的数字技术服务及利用门店资源等方式拓展市场。

第一,开设平台认证官方网店,弥补实体门店的推广方式短板。

在新零售时代,实体零售商意识到线上销售所具有的优点,并开始利用第三方线上平台开设官方网店。这种开设平台认证官方网店的策略为实体零售商填补了自身在推广方式上的不足之处。

首先,开设平台认证官方网店能够增加企业的产品推广效果。随着互联网的普及,越来越多的消费者通过在线渠道进行购物。而第三方线上平台如淘宝、京东等已经成为消费者购物的主要场所。通过在这些平台开设官方旗舰店,实体零售企业能够利用平台的巨大用户基数和特有的数字化营销服务为企业提供更多的曝光机会。具体来说,第三方平台的数字化营销服务包括名人电子广告、直播带货、购物节日等多种推广方式,将产品推广给更多的潜在消费者。名人电子广告以视频或动图的形式出现在第三方平台的各个宣传渠道中,相比起传统实体门店的广告牌可以通过动作、声音等方式强化名人使用产品的广告效果,同时可以利用消费者数据选择名人影响力最大的区域进行定向投放,最大限度借助名人的知名度提升实体零售商的品牌知名度。直播带货是近年来兴起的另一种数字营销手段,带货人可以在平台搭建的直播窗口展示和介绍产品,通过弹幕与消费者进行互动,实时解答消费者对于产品使用方式、价格和质量的疑问。相较于演出内容固定且预先制作的名人广告,直播带货拉近了卖方与消费者之间的距离,可以更好地建立消费者的信任感和依赖度,提高消费者的产品购买意愿。[①]购物节日是第三方平台设立的特殊时间段,在此平台上的大量零售商共同推出促销折扣活动。这种集中时段的大型促销活动可以形成规模效应,利用限定时间和优惠折扣调动消费者的购买意愿,同时营造出节日购物氛围,激发消费者活跃起来。

其次,开设平台认证官方网店能够帮助实体零售商根据消费者需求提供定向推广服务。传统实体门店推广手段的时间和内容主要根据营业者自

---

① 杨晓燕.内外双循环背景下零售数字化撬动内需扩大机制研究:理论与实证[J].商业经济研究,2021(03):14-17.

身对市场的了解及法定假日来做出安排,通常难以紧密匹配消费者的需求变化。通过开设平台认证官方商店,实体零售商能够与消费者建立直接沟通渠道,通过与消费者实时互动来了解消费者对其推广手段的观感和评论,[①]并根据消费者反馈及时做出优化。实体零售商还可以对接第三方平台的消费者数据系统,获得消费者整体偏好信息,根据当前市场关注热点对推广的产品内容做出调整,获得最优化的推广效果。

第二,开通微信小程序,通过对接社交平台弥补实体门店销售渠道短板。

随着社交属性在移动网络中的价值得到挖掘,对接社交平台成为实体零售商开展社交零售的有效途径,通过开通微信小程序可以增强实体门店原本相对不足的销售渠道建设能力。

首先,开通微信小程序能够帮助实体零售商获取私域流量关注度,进一步开拓销售渠道。微信是当前国内领先的社交 App,它积累了为数庞大的用户群体,每天这些群体都会使用一定的时间登录微信客户端聊天、视频对话、朋友圈互动、公众号评论及转发等。它所推出的各类社交功能可以培养用户高频次登录的使用习惯,有利于获取客户在工作和娱乐之余的大量碎片时间。实体零售商与微信平台实现对接,通过朋友圈、公众号和视频号发布产品信息、价格优惠及活动邀约等内容,可以获取私域流量的关注度,从新的方向引发客户的消费兴趣。在此基础上,实体零售商还可以开通微信中的小程序功能,直接建立小型产品销售窗口,通过微信支付为消费者购买产品带来便利。不仅如此,微信还允许实体零售商作为虚拟用户建立客户群组,在微信群内发起社区团购和社群拼单,基于微信充分扩展销售渠道,增加产品销量。[②]

其次,开通微信小程序能够提高实体零售商与消费者之间的沟通效率。传统实体门店受限于门店选址及营业时间,仅能在限定的时间和空间提供产品销售和咨询服务,对消费者来说不够便利。通过开通微信小程序,实体线上平台主动进入消费者更为熟悉的联络渠道,并为消费者提供 24 小时零距离服务。通过这些做法,实体线上平台可以和消费者建立起更为亲密的关系,提高消费者对于其商品的忠诚度。

---

① 刘向东,何明钦,刘雨诗.数字化零售能否提升匹配效率?——基于交易需求异质性的实证研究[J].南开管理评论,2023,10:1-29.
② 周子祺.社区团购发展与零售业发展趋势探析[J].商业经济研究,2022(03):52-55.

此外，开通微信小程序还能够提升实体门店在周边地区的影响力。微信用户的好友具有明显的地域相近性，其注重私密度的社交特性使其发送朋友圈及聊天的对象更多集中于身边的亲朋好友。[①]实体线上平台公众号和视频号等发布的内容及产品信息通常会被微信用户转发给线上好友，从而在实体门店周边快速建立口碑，获得社交推广，帮助实体线上平台获取不同于传统实体门店的影响力。

第三，利用线上平台的数字技术服务，打破实体零售的时空限制。

传统的实体零售商基于实体门店和人力资源开展零售工作，在时间和空间上均存在天然限制。通过对接第三方线上平台，实体零售商可以利用线上平台的数字技术服务，打破实体零售的时空限制。

首先，通过线上平台的数字技术，实体零售商可以服务更大空间范围内的产品受众。传统实体门店在地址及面积等因素上存在天然限制，使其涵盖的受众较为有限。通过对接第三方线上平台，企业能够摆脱空间局限性，将产品在更大范围内进行推广，充分发挥线上平台的信号扩散作用，带来更多获利机会。

其次，通过智能客服和自动订单处理系统，实体零售商可以提供24小时咨询和下单服务，弥补实体门店营业时间和地点上的不足。实体门店通常雇用人力提供产品咨询服务，不仅接待效率受到限制，而且需要定期付出培训费用，还可能面临人员流动带来的再调整成本。与之相对，对接第三方线上平台后实体零售商能够引入智能客服，基于人工智能24小时为消费者在线上提供基本的回答，解决大多数较为初级的产品信息问题。对于较为复杂的问题，智能客服还可以将客户聊天内容转给人工客服，保障消费者享受优质的售前售后服务。除此以外，实体零售商对接第三方线上平台还能够使用自动订单处理系统。传统实体门店安排人力对订单进行规整、统计和备份，其准确性和及时性的保障需要付出较高的成本。消费者通过线上平台或App下单后，自动订单处理系统利用人工智能技术快速提取订单信息，根据定制化的操作要求对订单进行分类、统计和分配，与后续的物流系统进行数据交互，快速传递订单信息，缩短产品从订单产生到发货运输所需耗费的时间。

第四，利用门店资源拓展线上零售市场。

---

① 张靖好，王子怡，高璐瑶.新零售背景下社区团购模式发展策略探索[J].商讯，2021(18)：160-161.

随着互联网的快速发展和消费者需求的不断升级,实体零售商需要通过创新的方式来应对市场竞争的压力。利用门店资源拓展线上零售市场成为实体零售商的一种策略。

以生鲜品类为例,实体零售商可以通过对接第三方线上平台,将门店的生鲜纳入线上销售范畴。线上平台的消费者在生鲜到货之前只能通过视频和图片对其情况做出确认,对于新鲜度的判断可能存在误差,且由于线上平台的发货地点与消费者之间的距离具有不确定性,因此还需要考量产品运输所耗费的时间对其新鲜度的影响。这对线上平台生鲜的品控能力提出了较高的要求。与线上平台不同,实体门店可以让消费者在购买产品之前现场确认生鲜的情况,供应链管理和品控能力是销售生鲜的实体门店维持生存的必要条件。[①]

在此情况下,实体零售商如果能够顺应市场趋势,将门店的产品与线上销售结合,将会带来巨大的商机和竞争优势。实体零售商的门店通常分布在城市的各个角落,与消费者的居住区域较为接近。这就使得实体零售商在就近运送方面具有独特的优势,能够提供快速的配送服务,满足消费者对生鲜的即时需求。[②]通过与第三方线上平台合作,实体零售商可以将线下门店的产品信息与库存实时同步至线上平台,消费者可以通过线上平台浏览并下单购买所需商品。实体零售商可以利用自身门店的优势,通过线上销售满足消费者的便捷购物需求。与此同时,通过线上平台的销售,实体零售商可以扩大销售范围,触及更多的消费者,提高市场份额。与线上平台及实体门店这两种单一性质的零售商相比,实体与线上平台结合,制定差异化销售策略,可获得更强的市场竞争力。

二、实体线上平台的发展特点

实体线上平台在发展过程中利用实体门店和线上平台各自的优势进行互补,在多个方面展现出更强的竞争力,成为其奋起直追的重要驱动力。本小节对实体线上平台的发展特点做出具体分析,并结合典型案例阐释其特点与新零售之间具有的内在关联。

---

① 孙婷婷.社区团购新零售模式发展路径浅谈[J].上海商业,2021(12):13-15.
② 梁艳.新零售背景下社区生鲜团购模式浅析——以兴盛优选为例[J].现代营销(下旬刊),2021(01):86-87.

(一) 对外营销精准化

实体线上平台利用数字技术对消费者数据进行分析,并将分析结果用于调整实体门店的产品结构,实现对外营销的精准定位(图 5-4)。

```
┌──────────┐  ┌──────────────┐
│ 浏览数据 │  │年龄、性别等数据│
└──────────┘  └──────────────┘      ┌────────────┐      ┌──────────────┐
                              ⇒     │ 消费者脸谱 │  ⇒   │  实体门店    │
┌──────────┐  ┌──────────────┐      └────────────┘      │调整产品结构  │
│ 交易数据 │  │兴趣、偏好等数据│                         └──────────────┘
└──────────┘  └──────────────┘
```

图 5-4　实体线上门店的营销精准定位机制

• 资料来源:作者自制。

传统实体门店主要通过产品销售情况判断消费者对产品的偏好差异。实体线上平台在消费者访问网站和购买产品的过程中会记录消费者的浏览和交易数据,并提供各类服务获取消费者自愿提供数据的许可,从而详细记录其年龄、性别、所在区域、兴趣偏好等信息。大量消费者数据归总在一起后,实体线上平台利用大数据技术进行数据分析,绘制消费者脸谱,根据其特点进行标签化管理后按组别分类,分析出不同组别消费者的消费倾向,[①]了解不同群体消费者的特点和消费行为,从而可以针对不同消费者提供定制化的销售服务。除了提供销售服务以外,实体线上平台还可以根据得到的消费者倾向信息与实体门店所在区域周边的消费者整体情况相比对,掌握其周边消费者的整体偏好,一方面对实体门店内的产品结构做出及时调整,重点增加更符合其偏好的产品,另一方面创造更具定制化和个性化的实际应用场景,从而实现对外营销的精准定位。

(二) 内部流程高效化

实体线上平台可以利用数字技术重塑企业内部的物流运输、组织结构及销售服务等环节,赋能实体零售商多方位提高各环节的业务效率,构建优质、安全、稳定的实体零售供应链体系(图 5-5)。

首先,实体线上平台在选址阶段可以利用数字智能选址系统采集人流数据等,并测算店铺潜在价值以辅助选址决策。传统实体门店的选址依赖

[①] 刘玉奇,王强.数字化视角下的数据生产要素与资源配置重构研究——新零售与数字化转型[J].商业经济研究,2019(16):5-7.

```
选址 → 采购 → 仓储 → 运输与配送
```

选址	采购	仓储	运输与配送
通过数字智能选址系统采集人流数据等，并测算店铺潜在价值以辅助选址决策	利用人工智能技术自动实现大数据比价及供应商匹配	利用物联网及大数据技术采集入库、出库等各个作业环节的数据，并实现库存的实时自动化盘点和补货操作	利用大数据技术分析订单及物流数据，计算出最优运输路径，提高产品配送的速度

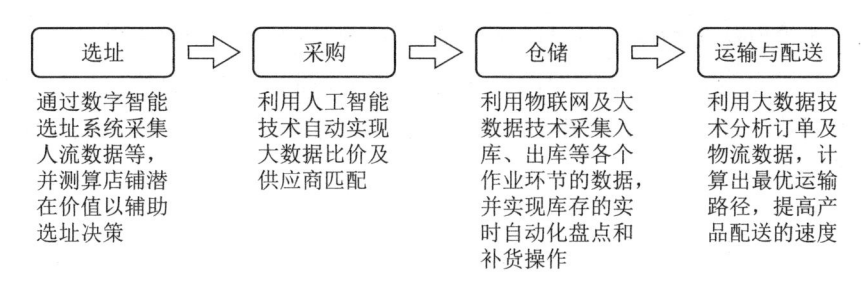

图 5-5　实体线上门店的内部流程高效化机制

• 资料来源：作者自制。

于经营者对选址地点商业价值的直观判断和营业经验，往往缺乏扎实的统计数据作为支撑。实体线上平台引入数字智能选址系统，获取选址地点周边的人流、交通、物流及同业竞争者分布情况的数据，评估选址地点聚集人群的时间和规模，从而选择最有利于实体零售商销售产品的地点，辅助实体线上平台销售。

其次，在采购阶段，实体线上平台可以利用人工智能技术自动实现大数据比价及供应商匹配。传统实体门店的供应商物资采购需要配置人力对不同供应商产品的价格、质量进行综合记录和比对，要耗费较多的时间和精力才能选择出最合适的供应商。实体线上平台利用人工智能技术可以从线上渠道多方位收集供应商的评价信息，并从中自动选择出最符合平台需求的供应商，[1]有效提高采购环节的运作效率。

此外，在仓储阶段，实体线上平台可以利用物联网及大数据技术采集入库、出库等各个作业环节的数据，并实现库存的实时自动化盘点和补货。传统实体门店需要支付人力成本完成产品出入库的搬运和记录工作，在此过程中还难以控制统计误差及工作延误风险。实体线上平台利用物联网对这些环节的数据进行实时收集，通过大数据技术掌握仓库内的货物存量变动趋势，并在库存降低至可接受的最低水平时通过数字化系统发出补货请求，确保仓库内的产品供应不会出现中断。

最后，在运输与配送阶段，实体线上平台可以利用大数据技术分析订单及物流数据，计算出最优运输路径，提高产品配送的速度。[2]传统实体门店的物流运输通过人工计算确立最终的运输路线，较低的计算精度使这种路

---

[1] 包振山,常玉苗,万良杰.数字经济时代零售商业模式创新：动因、方法与路径[J].中国流通经济,2022,36(07):12-21.
[2] 陈洁玲.新零售背景下实体零售数字化转型及业态新探[J].科教文汇(中旬刊),2021(26):191-192.

线分配难以达到物流资源配置的最优化。实体线上平台利用人工智能和大数据技术综合分析订单地理位置和交通运输情况,通过多变量运筹计算得出最便捷的运输路径,并出具相应的配送调整方案,保障客户可以最快速度获得产品。

(三) 推广方式多样化

实体线上平台可以利用种类繁多的数字内容呈现方式推广产品,这种丰富的推广方式将实体门店的传统广告投放方式转变为数字内容的多样化呈现,还通过定期或不定期向用户推送数字化打折手段进行促销(图5-6)。这一变革不仅为实体零售商带来了新的市场机遇,也在实体零售商和以网上购物为主的消费者群体之间构筑起了联系。

图 5-6　实体线上门店的推广方式多样化机制

• 资料来源:作者自制。

首先,实体线上平台通过丰富的数字内容呈现方式提升了产品的推广效果。传统实体门店通常利用店铺周边的海报及宣传手册等开展形式单一的宣传活动。与之相对,当前的实体线上平台可以利用公众号推文转发、短视频推送等方式将产品信息推送给不同渠道的消费者,这些视频和图片更生动,可以令消费者对产品产生更为深刻的印象。[1]同时,这些措施承载的信息量也更为丰富,使消费者可以迅速评估产品的特点及购买必要性。

其次,实体线上平台通过电子券等手段为消费者提供了更加个性化的购物体验。传统实体门店的消费者主要从店铺现场提供的产品中挑选符合自己需求的产品。实体线上平台则认可消费者的购物偏好,提供个性化菜单、微信或支付宝卡券等组合,使消费者可以根据偏好选择多种产品享受组合优惠,提高消费者的购买意愿和满意度。

此外,实体线上平台还通过主播直播带货等方式,为消费者提供更加直观、互动的购物体验。主播直播带货已成为一种越来越流行的推广方式,通

---

[1] 张超然.数字化赋能新零售商业模式优化研究——以三只松鼠为例[J].商场现代化,2021(21):1-3.

过直播的形式,消费者可以实时了解产品的特点和使用方法,并与主播进行互动交流。[1]这种互动性和直观性能够增加消费者对产品的信任和购买的决策力,从而提高销售额。

(四) 销售渠道多样化

实体线上平台可以从两个方向出发拓宽销售渠道。一方面利用线上电商网站开发网络零售的市场潜力。另一方面通过移动端的 App、微信小程序等渠道提供社交零售服务,为实体门店引流,实现全渠道高效协同运营,为消费者提供无缝的全渠道购物体验,丰富实体零售的变现模式(图 5-7)。

```
PC端      →   电商网站          →   网络零售
移动端    →   App、微信小程序   →   社交零售
```

图 5-7　实体线上门店的销售渠道多样化机制

·资料来源:作者自制。

首先,实体线上平台可以利用电商平台获取公域流量,充分挖掘网络零售的市场潜力。

互联网在中国的普及使大量消费者将线上网站作为主要的信息渠道。线上电商平台是消费者购买产品时首先考虑的重点对象。实体线上平台可以在电商平台上开设自己的专营店,借助电商平台的渠道优势将产品和服务在更大范围内做出推广。不仅如此,电商平台会定期组织零售商开展有一定规模的促销活动,还能提供灵活多样的支付手段,为消费者与实体线上平台对接提供便利条件,使实体线上平台可以充分获取网络零售的市场红利。

其次,实体线上平台可以通过 App、微信小程序等渠道提供社区团购、社群拼单等社交零售服务,为实体门店引流。私域流量相较于公域流量对社交属性具有更高的需求,实体线上平台开发 App 和微信小程序,[2]与消费者进行积极互动,并通过消费者社群进行推广宣传,推出社区团购和社群拼单等以社交为基础的产品购买服务,可有效增强用户黏性。实体线上平台有机结合线上社交行为与线下购物活动,能够为消费者提供更新的购物体验。

---

[1] 耿旭蓉,郝志瑞.零售数字化转型视域下电商直播营销体系架构[J].商业经济研究,2021(13):79-82.
[2] 李玫昌,贺小刚.数字化跨境电商赋能新零售供应链价值"智慧"升级探究[J].商业经济研究,2020(09):150-153.

(五) 门店功能多元化

随着互联网的普及和发展，实体线上平台越来越成为消费者的首选购物方式。然而，线上平台的便利性虽然已经得到广大消费者的认可，但是实体门店依然具有其独特的价值和功能。实体门店能够通过提供实景体验、VR体验、游戏互动、餐饮服务等多种服务，给消费者一个真实的场所，与餐饮和娱乐店铺进行联动，重新定位自身的角色(图 5-8)。

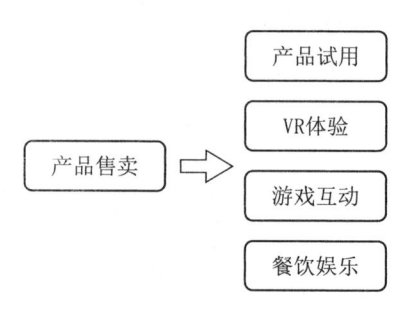

图 5-8 实体线上门店的功能多元化机制

• 资料来源：作者自制。

首先，实体门店通过提供产品试用和 VR 体验，让消费者更加直观地了解产品的性能和特点。[1]线上平台的优势在于可以为消费者提供详细的产品信息，其不足之处在于仅能使消费者通过视频和图片对产品产生印象，无法获得真实观感。与之相对，消费者在线下的实体门店可以近距离接触产品实物，对其外观、功能做出直接判断。部分实体门店提供的产品试用和 VR 体验活动，更是为消费者增强产品使用体验创造机会，通过临场感，激发消费者购买意愿的同时，使其可以更准确地评估产品在实际生活应用场景中是否具有适用性。[2]

其次，实体门店还能够打造多元的休闲复合空间，重新定位其角色。传统实体门店的功能定位较为简单，主要作为产品购买的窗口提供服务。现在，实体门店关注消费者的娱乐属性与购物意愿之间的联系，积极融入各类休闲要素，许多大的购物商厦已升级改造成为一个集购物、娱乐、餐饮等多种功能于一体的综合性休闲场所。[3]消费者可以在这个空间内享受观影、美

---

[1] 龚思颖.论沉浸式媒介在数字化零售空间中的应用[J].商业经济研究,2020(22):5-9.
[2] 余远坤.数字化下零售业的发展路径研究[J].现代商业,2021(03):33-36.
[3] 张予,郭馨梅,王震.数字化背景下我国零售业高质量发展路径研究[J].商业经济研究,2020(04):21-23.

食、音乐等各类生活服务,让其置身于一个可以享受乐趣的环境之中,通过制造愉悦的氛围激发消费者的购物意愿。

(六) 客户服务便利化

实体线上平台综合运用实体门店和线上平台的优势,为客户创造更加便利的购物体验。在这一领域中,客户服务的便利化成为一个关键的特点。通过在网络平台上提供 AI 客服和自动下单服务,实体门店可以打破时空限制,为客户提供全天候的购物服务。同时,在实体门店中应用各种数字技术,如移动支付、射频识别、智慧摄像头等,可以为消费者营造兼具便利性和体验性的购物环境(图 5-9)。[①]

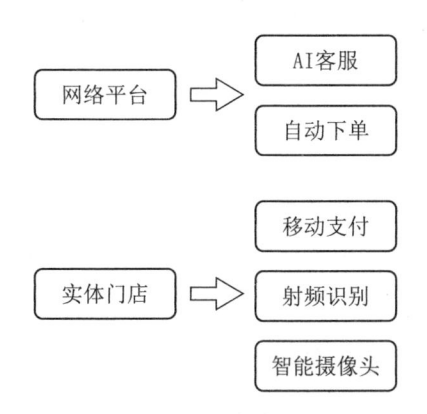

图 5-9 实体线上门店的客户服务便利化机制

• 资料来源:作者自制。

首先,实体线上平台可以通过在网络平台上提供 AI 客服和自动下单服务为客户提供更加便捷的购物方式。AI 客服可以根据预先设定的问题提供定制化的回答服务,帮助客户解决许多关于产品基本信息方面的疑问,其 24 小时提供服务的能力也为客户实时了解产品创造了良好条件。自动下单服务满足了客户即时购物的心理需求,节省了客户的等待时间及精力,突破传统实体零售在服务时间和空间上的局限性。

其次,实体线上平台可以在实体门店中应用各种数字技术为客户提供更加便利的线下支付和购物体验。实体门店提供的 POS 机使用射频识别技术,客户可以使用该机器自行完成商品的识别、报价和购买过程,其高于

---

① 李晓雪,路红艳,林梦.零售业数字化转型机理研究[J].中国流通经济,2020,34(04):32-40.

人工服务的工作效率有效减少了客户排队等候的时间，同时也避免了人为操作可能带来的失误风险。实体门店还可以利用数字技术支持二维码支付，使客户使用手机扫码就能完成无现金支付，极大地简化了客户购买产品的交易支付流程。此外，实体门店还能在线下支持 VR 设备的使用，基于 VR 设备为客户现场获得更具冲击力的临场体验创造条件。智慧摄像头则能够自动监测商品及消费者的实时状态，使工作人员能够及时应对门店的客流。线上线下联动共同打造了实体门店新的经营方式。

此外，实体线上平台可以利用两种渠道的差异化特色为客户提供多样化的购物选择。实体线上平台在实体门店及线上平台均有自己的独特优势，使客户可以结合自身实际需求进行比对和选择。两种渠道充分展现产品的特点和优势，为客户消除信息不透明的同时保障了产品购买的灵活性。

三、实体线上平台的发展困境

实体线上平台虽然具有其独特优势，但目前仍然面临一些发展困境，对其进一步扩大市场规模造成一定阻碍。本节对实体线上平台的发展困境做出总结和分析，揭示其在外部竞争及内部经营方面存在的问题。

（一）互联网渗透率趋于饱和，零售市场竞争激烈

实体线上平台面临的发展困境之一是互联网渗透率趋于饱和，零售市场竞争激烈。国际电信联盟(ITU)2022 年的统计数据显示，2021 年中国互联网用户数占总人口比重已超过七成，互联网渗透率趋于饱和，PC 及移动端的零售市场中大量零售电商平台开展抢夺消费者注意力的激烈竞争，对作为追随者加入市场的实体线上平台来说参与其中需要付出越来越高的运营成本。

互联网和智能手机在中国的消费者群体中大量普及，使这些消费者可以不受空间和时间限制使用电脑和移动设备购买零售产品。消费者选择的增加也同时意味着零售商的竞争趋于白热化。大量零售市场中的企业以各种形式开展促销活动以吸引消费者的注意力，同时这些零售商还会不断在服务上做出创新以满足消费者对新奇事物的好奇心，从而动态维持盈利所需的市场份额。然而，中国互联网和智能手机的用户群体经过多年的高速增长已趋于饱和，实体线上平台在这一阶段参与这一红海市场的竞争已经不具有先发优势，不仅需要付出高额成本以获取较为有限的剩余市场份额，

还需要持续做出产品升级创新以克服知名度不足带来的障碍,[1]作为后入者的市场地位对其发展造成负面影响。[2]

(二)双线渠道难以协调成本

实体线上平台拥有线上和线下两条产品销售渠道,其营业效果取决于两条渠道是否能够妥善协调彼此资源,实现"1+1>2"的效果。然而,实体线上平台的线下门店需要承担店铺租金、水电费、物业费以及人工费,线上平台的成本则主要包括网络客服、网页或 App 维护及售后服务成本等,两条渠道的成本差异使其难以实现同质同价(图 5-10)。[3]

图 5-10 实体线上平台的双线成本

- 资料来源:作者自制。

实体线上平台面临的首要问题是线下门店的成本压力。对实体线上平台而言,线下门店主要通过线下渠道为消费者提供产品展示、售前咨询和试用体验的空间,在营造线下独有的消费体验的同时也需要承担线下门店特有的成本。具体来说,线下门店主要需要支付店铺租金、水电费及物业费等费用,这些费用对于没有实体的线上平台而言是无须支付的成本,但对线下门店来说是维持营业必不可少的支出。当线下门店位于一线城市的核心商圈时,这些费用会进一步上涨,侵蚀实体线上平台在这些门店所能获取的利润。除此以外,线下门店还需要支付员工工资及福利支出,保障其提供优质的面对面服务还需要付出费用进行员工培训和服装设计,这些都进一步增加了线下门店的成本。

实体线上平台在线上平台虽然无须付出上述成本,但仍然面临独特的成本挑战。线上平台主要依托互联网构建的虚拟空间提供服务,其成本结构与线下门店存在显著的差异。具体来说,线上平台注重与消费者的实时

---

[1] 范德成,王娅.传统企业数字化转型对其创新的影响研究——以汽车制造企业为例[J].软科学,2022, 36(06):63-70.
[2] 王蕾.推进我国零售业数字化转型持续高质量发展的对策研究[J].全国流通经济,2022(05):49-51.
[3] 杨永芳,张艳,李胜.新零售背景下实体零售数字化转型及业态创新路径研究[J].商业经济研究,2020 (17):33-36.

沟通和答疑,在无法当面沟通的情况下网络客服的服务态度、专业素养及沟通能力成为产品促销的重要因素,因此线上平台需要付出人力成本对客服团队开展专业化的培训。[①]此外,线上平台的网站或 App 需要 24 小时提供正常的访问、浏览和查询功能,因此也需要支付费用来雇用专业数字人员进行定期的技术维护和界面更新。同时,售后服务也是线上平台的关键服务,许多消费者在购买产品后倾向于通过线上渠道进行售后咨询,在这一方面线上平台会承担较高的退换货业务压力。因此线上平台需要支付更多成本建立更为完善的售后服务系统。

在此情况下,实体线上平台需要面对双线渠道间的价格协调问题。相同产品在实体门店和线上平台的成本存在较大差异,且两个渠道的经营者会根据产品余量等因素动态调整产品价格,最终导致产品价格无法在两条渠道上实现完全统一。[②]实体门店的租金和人工成本往往会使其销售的产品价格制定在较高水平,而线上平台虽然也需要付出独有的成本,但多数情况下可以给出更优惠的价格。这导致消费者在信息透明的情况下会更倾向于在线上平台购买产品。

(三)全面数字化战略规划缺失

数字化在新零售领域扮演着至关重要的角色,它可以提高效率、降低成本、改善用户体验,为实体线上平台带来巨大的发展潜力。然而,当前多数实体零售商对数字技术和数据要素的应用仍停留在早期的信息化和线上化阶段,缺少实现高水准平台化所需的顶层设计和发展路径,未能将线下门店及线上平台的优势有机结合,导致这些零售商在数字化转型过程中缺失方向感(图 5-11)。

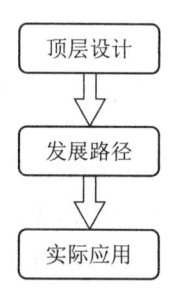

图 5-11 实体线上平台的全面数字化战略规划

• 资料来源:作者自制。

---

① 王蕾.推进我国零售业数字化转型持续高质量发展的对策研究[J].全国流通经济,2022(05):49-51.
② 秦淑娟.新零售背景下实体零售数字化转型研究[J].武汉冶金管理干部学院学报,2021,31(01):8-9,12.

首先，实体线上平台的数字化转型可能缺乏顶层设计。顶层设计是数字化转型的关键指引，它涉及企业从战略规划到组织结构及技术构成等各个层面的整体布局，对实体线上平台长期的数字化进程具有至关重要的影响作用。然而，目前许多实体线上平台对顶层设计缺乏足够的重视，导致数字化转型的实行往往流于表面，无法深层次改造企业内部经营流程，不具有健康持续发展的前景。数字化转型的顶层设计需要同时兼顾整体性和系统性，需要综合考虑多种数字技术在不同环节的组合可能产生的联动效果，实体线上平台对某一环节或某一技术的过分关注会阻碍各环节的衔接程度，降低企业内部数字化协同发展的速度。因此，数字化转型的顶层设计首先需要在战略规划层面做好统筹工作，设定明确的目标并充分考量其可行性，从而保障数字化转型朝着合理的方向逐步推进。除此以外，实体线上平台的数字化转型在组织结构方面存在调整的空间。数字化转型战略的具体执行需要相应的组织结构和执行人员来完成。然而，许多实体线上平台没有根据数字化转型的实际需要来调整自身的组织结构，这些平台继续沿用传统的多层级式的组织结构来管理数字化部门，使这些部门在推进数字化进程中面临组织流程上的重重阻碍，上级部门的审批程序和问责制度可能导致数字化部门在整体组织结构中面临边缘化的风险。同时，数字化执行人员可能以引进人才居多，在没有获得足够赋权的前提下这些人员与传统业务部门人员之间的沟通可能存在不畅，令其难以顺利开展本职工作。另外，实体线上平台的数字化战略实现还依赖于技术架构的合理规划。数字技术具有复杂性和多元性，通常需要多种技术的有机结合发挥出最大的效果，因此需要设计出具有灵活性和可操作性的技术架构。然而，许多实体线上平台在实际操作过程中重点考虑对某些关键技术的引进和使用，却没有对辅助技术做出专业化的匹配，导致技术架构不均衡，难以有效实施数字化转型。

其次，实体线上平台的数字化转型可能缺乏明确的发展路径。实体线上平台的数字化转型涉及各个部门的不同经营环节，具有较强的复杂性和长期性，不仅需要明确的战略规划进行指引，还需要具有实际意义的具体路径来实施。然而，许多实体线上平台在实际操作时由于缺乏经验呈现出盲目性。其中部分零售商选择沿袭传统业务的成功经验和实践路径，但却与数字化转型战略规划存在冲突，另一部分零售商选择效仿其他同业零售商使用的发展路径，但最终可能与自身的实际需求无法匹配。更多的实体线上平台可能没有分步骤制定细化的发展路径，对数字化转型不同阶段需要执行的具体步骤没有提前做好准备,最终使数字化转型进程和效果远低于原有估计。除此以外,实体线上平台在设计发展路径的过程中往往也没有获取专业的咨询建议。有关专家和顾问具有数字化转型的案例材料和指导经验,可以对实体线上平台的发展路径提供细致的建议。实体线上平台没有及时向这些专家寻求合作可能也不利于明确自身的数字化转型路径。

(四) 数字化技术、要素和人才基础不足

数字化技术、要素和人才基础不足也是实体线上平台所面临的发展困境之一。部分零售商在数字化方面的基础薄弱,制约了其线上平台充分发挥作用。

首先,实体线上平台在数字化转型方面缺乏足够的技术支撑。尽管许多实体线上平台已经基本实现了网络化和信息化,但在更多的新一代数字技术方面仍然存在较大的不足。一方面,实体线上平台在数据分析能力上存在短板。尽管实体零售商积累了大量的用户数据,但先进数据分析技术的不足限制其从中挖掘有价值信息的能力,从而使数据到实际业务之间的衔接出现阻滞现象。另一方面,实体线上平台在数字技术应用方面也有待提高。许多实体零售商无法将现有的数字技术开发出足够多样化的应用场景,在移动支付、智能化物流及虚拟体验等方面的技术支撑无法提供令客户满意的服务。

其次,实体零售商的数据要素存在问题。实体零售商的数据要素问题主要体现在数据标准化、数据整合与共享以及数据管理和安全方面,这些问题可能会限制实体线上平台在数据应用和数字化转型方面的能力。一方面,实体门店的数据往往缺乏标准化要求,导致存在"数据孤岛"的问题。不同门店、不同业务系统产生的数据通常具有不同的格式、命名规范和数据结构,使得数据之间难以进行有效的整合和共享。这种数据孤岛现象限制了实体零售商对整体业务状况和消费者行为的全面了解,也增加了数据分析和挖掘的难度。另一方面,实体零售商缺乏对数据的有效管理和保护机制,数据质量和数据安全问题成为数字化转型的障碍。由于缺乏有效的数据管理策略和机制,实体零售商的数据往往面临质量不高的问题,包括数据准确性、完整性和一致性等方面。数据质量低下会影响数据的分析和挖掘结果,影响实体线上平台的决策和业务发展。另外,数据安全问题也是实体零售商在数字化转型中需要重视的问题。随着数据规模和种类的增加,数据泄露和数据安全风险也在增加。实体零售商需要建立完善的数据安全管理机

制,加强数据和隐私的保护,确保数据的可靠性和安全性。

此外,实体线上平台在引进数字人才方面也存在问题。实体零售商虽然重视数字化转型的巨大价值,但在数字人才培养和引进方面往往缺乏足够的经验,可能难以找到合适的人才。实体零售商招聘的数字技能人才可能对业务了解程度较低,[1]无法准确将数字技术和实际业务场景的需求实现有机的结合,导致与业务部门沟通不顺畅,最终难以完成有效的数字化改造。另一方面,实体零售商招募的数字复合型人才有可能在数字技术方面没有足够深厚的技术能力,难以有效完成数据分析和应用工作。这些数字复合型人才虽然具有一定的数字技术,但可能仅限于简单的技术操作,或者仅仅适用于原有企业的生态系统。在实体线上平台进行操作时其有限的数字技术理解能力会阻碍数据分析工作的推进,最终无法实现数字化转型的预期效果。

四、实体线上平台的发展趋向

实体线上平台目前仍然在不断改进的过程中,未来会朝着充分发挥优势并减少不利条件的方向发展。本节将梳理实体线上平台可能的发展趋向。

(一)加强中台数字能力建设,全方位实现数字增效

目前,许多实体线上平台将数字资源主要应用于前台,通过建立电商平台和智慧门店等方式提升消费者的消费体验。然而,未来实体线上平台将进一步聚焦中台的数字能力建设,接管前台的数据处理工作,从而使实体零售商的数字增效不仅仅集中于前台,进一步改进零售商内部的运作效能(图5-12)。[2]

首先,实体线上平台将利用大数据技术在中后台辅助制定订货、定价和供应链管理等策略,减少前台的业务运营负担。企业产品的销售情况呈现动态变化的趋势,消费者需求及市场外部环境的各种因素相互作用可能对实体平台在中后台管理货物、处理订单、调整产品价格及分配供应链资源造成挑战。在此情况下,大数据技术对于这些中台环节业务可以发挥有力的

---

[1] 陈律.数字经济推动零售业转型升级研究[J].中国市场,2021(36):122-123.
[2] 彭建真,孙民仕,等.2022年中国零售数字化白皮书[R].2022:1-88.

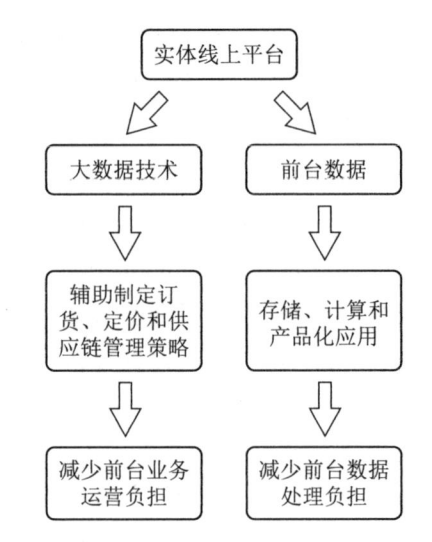

图 5-12　实体线上平台加强中台数字能力建设机制

• 资料来源：作者自制。

辅助作用。[1]一方面，实体线上平台利用大数据技术能够对前台汇总到中后台的交易、评论、媒体报道等相关数据进行分析，描绘出消费者偏好及竞争对手的销售情况。在此基础上实体线上平台利用大数据技术进一步从中制定出合适的订单处理及价格调整计划，减轻中台的业务处理负担。在供应链管理环节，实体线上平台则可以运用大数据技术实时调整中台业务处理方向，保障供应链的持续运转。[2]大数据技术能够帮助中台智能化监控供应链库存余量、上游供应商供货周期等数据，及时解决供应链中不易发现的瓶颈问题，提高供应链运转灵活性。

此外，实体线上平台将针对前台产生的海量数据在中后台加强存储、计算和产品化应用，减少前台的数据处理负担。实体线上平台在前台面临的问题不仅局限于运营负担，在日常经营活动中通过与消费者的直接接触还积累了大量数据需要及时进行存储、计算和产品转化。一方面，实体线上平台需要建立拥有足够算力且稳定性较高的数据存储系统，利用云计算设施对大规模数据进行合规的存放和备份，保障数据的安全性和可访问性。另一方面，实体线上平台需要在中台建立可靠的计算系统，对数据能够进行智

---

[1] 魏国辰，陈宇恬，王焕焕.基于扎根理论的零售企业数字化转型影响因素[J].商业经济研究，2021(19)：41-43.
[2] 王世胜.零售数字化转型的消费赋能效应及传导机制[J].商业经济研究，2021(06)：45-48.

能化的运算和验证,确定数据使用的准确性。除此以外,实体线上平台在中台还要探索前台数据的产品化应用方向。产品化应用是指将前台数据转化为咨询服务的信息来源,发挥出数据的盈利价值。实体线上平台可以根据消费者数据推出其他平台可以参考的定制化服务方案,将这些方案出售给其他企业和合作伙伴,创造更多的商业价值。

总体而言,实体线上平台通过加强中台数字能力建设可以更全面地利用数字化力量,提升内部运作效能。中台的数字化转型能够有效分担前台面临的各类负担,帮助前台协调业务流程的运转。同时,中台的数字化转型还能够有效发挥前台数据的其他价值,帮助实体线上平台拓展自身竞争优势,在激烈的市场环境中保持领先地位。

(二)积极融入数字产业链,重塑零售生态圈共生关系

在零售供应链中,实体线上平台不仅需要与传统的上下游企业及消费者建立良好的合作关系,还需要积极探索如何建立新的数字共生关系,通过将自身作为数字产业链中的节点与数字平台、数字解决方案企业等开展数字合作。实体线上平台可以加强自身的数字处理和应用能力,从而重塑零售生态圈,实现共赢发展(图 5-13)。[①]

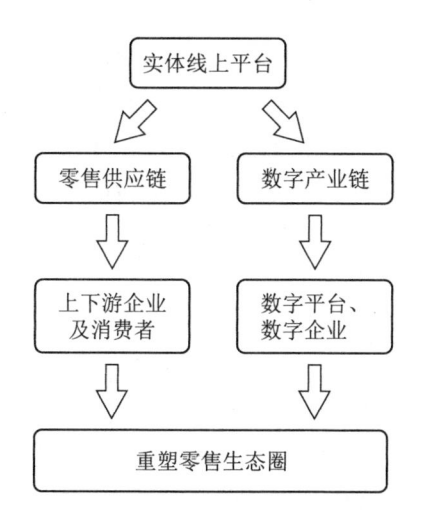

图 5-13 实体线上平台融入数字产业链的机制

• 资料来源:作者自制。

---

① 宋玉霞,辛磊,白玉祥.新零售供应链数字化的过程与机理[J].商业经济研究,2020(14):10-13.

首先，实体线上平台可以与数字平台开展合作。数字平台是数字产业链中的关键节点，它拥有丰富的数据资源及独特的资源整合及发散能力，可以为实体线上平台提供有力的业务数字化辅助服务。一方面，实体线上平台可以与电商平台建立新型合作关系。电商平台日常经营海量的客户与企业匹配业务，在较大范围内获得用户的使用黏性，可以利用自身平台的信号辐射能力帮助实体线上平台抓取大量用户的注意力，从而将潜在的消费者群体购买意愿充分转化为实际的销售订单。实体线上平台与电商平台这一单一对象进行合作能够以较低成本获得原本需要支付大量数字化转型成本才能实现的多渠道营销模式，高效提升品牌知名度和市场竞争力。另一方面，实体线上平台还能够与其他领域的数字平台在更宽泛的层面开展合作。①这些平台虽然不具备直接促销的能力，但可以利用数字技术帮助实体线上平台解决其他与产品销售有间接关联的业务活动问题。例如，电子支付平台在数字支付领域具有独特优势，一方面可以开通电子支付 App，提供便利的线上支付服务，为消费者购买产品减少障碍，还可以基于该 App 进一步提供储蓄及小额贷款业务，增强消费者的资金存储及产品购买意愿。数字物流平台专注于用人工智能、大数据等技术提升仓储和配送智能化水平，实体线上平台可以通过合作关系让渡仓储运输服务，由数字物流平台确保消费者可以通过线上渠道实时了解产品运输情况，并享受高效准时的配送服务。②另一方面，电子支付平台可以利用数字技术实时监控支付程序，对交易记录进行自动化保存和管理，减少消费者付款流程中可能面临的交易风险。对实体线上平台而言，与数字平台合作的主要目的是将自身不擅长的数字化相关业务整体外包，利用数字平台的专业化能力为消费者提供更好的体验。数字平台也可以通过合作关系扩大自身数字化业务在传统领域的渗透程度，实现互利共赢。

其次，实体线上平台还可以与数字解决方案企业建立合作关系。不同于数字平台可以对传统业务的某一环节实现全包式的数字化服务供应，数字解决方案企业不将传统业务的改造作为主要服务内容，而主要为实体线上平台提供更为专业化的数字技术支持。实体线上平台可以利用其数字技术优势按照自身意愿做出数字化转型。实体线上平台可以与人工智能企业

---

① 刘杰.新冠疫情影响下我国实体零售的数字化转型及协同发展[J].商业经济研究,2021(02):25-28.
② 李保国,王妮.线上零售商非价格异质性对消费行为的影响——基于零售数字化转型背景[J].商业经济研究,2022(08):61-64.

合作。这些企业可以为实体线上平台对接智能化分析系统,提升其服务质量,加深对客户需求的了解。实体线上平台还可以与物联网企业合作。这些企业能够帮助实体线上平台在内部经营环节安装数据收集能力更强的感知器,充分获取平台所需要的供应链数据,提高经营决策的准确性。除此以外,实体线上平台还可以与数据分析企业进行合作。数据分析企业在大数据挖掘、清洗和规整方面具有较强的专业性,能够帮助实体线上平台快速完成数据分析工作,对消费者偏好做出更为精准的判断,提升销售效果和用户体验。

总体来看,实体线上平台未来将通过内部改造和外部合作融入数字产业链。通过融入数字产业链,实体线上平台可在零售供应链上与上下游企业及消费者建立起以数据为基础的新型合作关系,在数字产业链上作为数字技术的需求方与数字平台、数字企业加强业务联系,推动自身数字化转型和业务创新,为零售生态圈创造新的价值。

(三)探索数字赋能商业模式,打造智慧门店和线上平台的协同运营机制

目前,实体线上平台主要关注如何利用数字力量改进主营业务效率,但未来,它们将进一步探索如何通过数字赋能商业模式创新,通过智慧门店和线上平台的协同运营增加数据用途。实体线上平台不仅可以销售更具针对性的零售产品,还可以为消费者提供零售选品等定制化的线下咨询服务,拓宽实体零售商的业务范围。

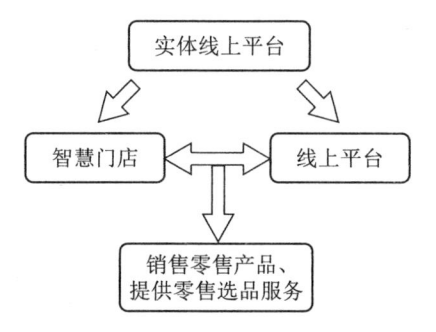

图 5-14 实体线上平台探索数字赋能商业模式创新的机制

• 资料来源:作者自制。

实体线上平台将来会继续探索数字赋能商业模式创新,利用数字化力

量弥补原本传统商业模式的不足,同时开拓出新的商业价值获取方式,提升自身的盈利能力。一方面,实体线上平台会建立智慧门店和线上平台的协同运用机制。实体线上平台利用人工智能、物联网等数字技术对传统门店进一步升级改造,赋予其智能化属性。[①]通过智慧门店,实体线上平台可以对消费者的线下购物行为做出监测和分析,并利用相关数据设计出更为合理的产品布局及陈列方式,以提升消费者的线下消费体验。不仅如此,智慧门店还可以在网络渠道对接线上平台,[②]为消费者提供线上预约支付、线下提货、体验商品等一体化服务。这种协同运营机制进一步激发了消费者的购物积极性,同时拓宽了实体线上平台的售货渠道。

---

① 李燕珑,于丽君,韦利娟.新零售背景下的社区团购发展现状及问题研究[J].对外经贸,2022(03):71-74.
② 王蕾.推进我国零售业数字化转型持续高质量发展的对策研究[J].全国流通经济,2022(05):49-51.

第六章
拾遗补阙：引人瞩目的在线拍卖平台

数字技术与实体经济的深度融合推动平台经济迅速崛起，成为我国经济社会发展的重要组成部分。平台企业依托数字基础设施，通过技术创新、场景搭建、机制设计，不仅重塑了产品和服务的生产、消费环节，而且改变了生产者、零售商与消费者之间传统的单向联系，成为数字时代零售技术与商业模式创新的重要载体，并显著地发挥着资源共享、驱动消费、畅通循环的重要功能。过去20余年，电商平台、社交平台等多元化的平台载体在引领消费市场挖掘创新方面发挥了重要作用，但在激烈的市场竞争中也不可避免地进入存量竞争状态。然而，消费理念与消费文化的更新迭代也在不断地创造着新的消费热点，比如，随着循环经济、大众收藏等消费文化的兴起，适应特殊交易对象的网络购物模式——在线拍卖开始成为平台企业打破流量瓶颈的重要突破口，以在线拍卖为主营业务或新增业务的平台企业纷纷涌现，在线拍卖也逐渐成为数字时代网络交易模式的重要补充。

一、蓬勃兴起的在线拍卖

拍卖是一种传统的交易方式，被广泛应用于各类资源、产权的交易分配中。随着数字技术的快速发展，在线拍卖这一新兴的网络交易方式在中国迅速普及。除了专业的网络拍卖平台，传统的综合性电商平台、社交内容平台以及实体拍卖行纷纷开辟在线拍卖业务，在线拍卖市场规模大幅提升，模式日新月异。尤其是近年来受外部突发事件的影响，在线拍卖市场的活跃度与关注度都取得了质的飞跃，在中国互联网消费流量红利趋缓的背景下仍保持逆势上扬的发展趋势。在线拍卖在各行各业的广泛应用，使其在数字经济时代日益显著地发挥起价格发现与资源配置的重要功能，成为众多数字平台探索模式创新与高效引流的新蓝海。

(一) 中国在线拍卖市场迅速发展的背景

数字技术的飞速发展为在线拍卖市场的蓬勃兴起提供了重要的技术支撑,在数字技术迭代升级与商业模式加速创新的双轮驱动下,在线拍卖的场景日益丰富,功能不断强大。在线拍卖不再仅仅是传统拍卖活动的物理迁移,线上功能的日臻强大与线上线下的有机融合为拍卖行业带来更多可能性。

1. 数字技术赋能传统拍卖活动线上化数字化

首先,数字技术迭代升级持续为在线拍卖提供开放包容的创新生态。在万维网启动商业化浪潮的时代,以易贝(eBay)为代表的互联网拍卖企业开创了一个市值百亿的全新市场。彼时,国内首家拍卖网站雅宝网建立并开通,随后,拍得网站、嘉德在线、中拍网、赵涌在线、孔夫子拍卖网等相继开通。随着3G网络与智能手机的普及,互联网商业应用逐步迈向移动互联时代。以阿里、京东、苏宁为代表的综合性电商平台相继开辟在线拍卖业务。大型电商平台凭借显著的技术优势与供应链管理能力,推动在线拍卖流程优化再造,极大提高了在线拍卖的受众范围与市场规模。当前,云计算、大数据、人工智能、5G技术的突破为在线拍卖市场的发展带来了新契机。以抖音、快手为代表的短视频平台成功打造了直播拍卖新模式。以拼多多、微信小程序为代表的社交电商平台为在线拍卖提供了新的消费场景。此外,5G技术的低延时性也给传统拍卖行开展线上线下同步竞拍提供较好的网络环境。

其次,数字手段有效解决在线拍卖信息不对称、信任缺失等难题。长期以来,在线拍卖模式难以成为拍卖市场主流交易模式的重要原因就在于,在线交易方式的空间分离强化了交易双方的信息不对称,难以在买卖双方之间建立有效的信任机制。数字技术的突破不仅能够有效解决买卖双方信息不对称的现实困境,而且能够充分利用过往交易数据为买卖双方进行真实交易构建激励相容的信用机制。一方面,数字技术的飞速发展为拍品的全方位展示提供了日臻丰富的技术手段。虚拟现实(VR)、增强现实(AR)等数字化手段在拍卖场景中的深度应用增强了消费者远距离参与竞拍的交互感受,有效降低了竞拍人与委托人之间的信息不对称。另一方面,信用机制为在线拍卖市场诚信交易提供了激励相容的约束机制。海量交易数据的沉淀是在线拍卖平台构建网络拍卖信用机制的重要基础。对送拍人或委托方来说,过往成交量、信誉评级、消费者评价等买方客观评价构成衡量卖方信用状况的重要标准,激励卖方通过如实描述、诚信交易实现利润最大化。对竞拍人来说,参拍年限、竞拍数量、付款记录等过往交易行为构成其在该平台的数字画像,此类标识可为其他人竞拍人有效甄别竞价信息提供一定依据,付款记录、退货情况等诚信类指标及其相关权益也成为激励竞拍人诚信出价、按时履约的有效约束。

最后,日臻成熟的平台经济生态为在线拍卖迅速发展提供重要基础。数字平台通过规则设计与功能创新为拍卖活动线上化数字化提供了一系列必要的数字基础设施。一是电商平台成熟的供应链体系为在线拍卖业务提供了可利用可加载的功能载体。一方面,电商平台成熟的物流体系、支付系统、售后服务等数字基础设施有效降低了买卖双方的交易成本;另一方面,通过在电商平台原有供应链基础上不断加载新功能,比如,引入第三方评鉴与托管服务,建立保证金保险服务等,电商平台能提高商品鉴定和交易环节的公正性,降低在线拍卖交易风险。二是跨界引流使在线拍卖平台显著提高获客效率。综合性电商平台可以利用原有大规模用户基础为在线拍卖业务有效引流。其他在线拍卖平台或线下拍卖企业则可借助第三方数字平台比如社交平台等在较短时间实现外部流量的导入。

2. 消费需求多元化推动在线拍卖市场迭代创新

日益多元化的消费需求是推动在线拍卖市场持续发展壮大的重要动力。消费群体的年龄结构、收入结构的新变化不仅倒逼拍卖企业进一步丰富拍品类别,加快模式创新,而且也为在线拍卖行业的发展带来新的机遇。

一方面,随着"Y世代""Z世代"逐渐成为消费主力军,多元化消费需求蓬勃兴起。中国互联网络信息中心(简称 CNNIC)数据显示,[1]"80—90 后"群体网购使用率最高,"95 后"群体网购消费潜力最大。网民年龄结构的变化为在线拍卖新模式的流行带来新的契机。一是"循环时尚"[2]"绿色消费"[3]等新消费理念的兴起直接推动二手物品在线交易规模持续扩大。

---

[1] 中国互联网信息中心.第 49 次中国互联网发展状况统计报告[R]. 2022.
[2] 经济观察网.Z世代爱买二手货,"循环时尚"迎来快周期[EB/OL].[2022-09-20][2023-07-16]. https://baijiahao.baidu.com/s?id=1744497080989507982&wfr=spider&for=pc.
[3] 根据 CNNIC 对绿色消费的界定,本文"绿色消费"包括购买节能家电或参与以旧换新,或购买二手商品等的消费。

CNNIC 2023 年数据显示,[1]最近半年参与过绿色消费的用户占网络购物用户总体的 22.3%,其中,购买二手商品的用户比例达 9.6%。不同于标准化产品的市场统一定价,二手物品市场价值受消费者主观因素影响较大,因此,在线拍卖这一市场交易模式被广泛应用于二手物品在线交易市场中,其中以二手车在线拍卖平台的发展最为迅速。二是消费者社交娱乐、知识分享等复合型的消费需求持续推动在线拍卖模式迭代更新。在线拍卖博弈性、持续性的竞价体验充分契合了部分消费者社交互动、交流学习的心理需求。为带来更加丰富的购物体验,进一步拓宽流量来源,在线拍卖平台将直播、竞拍、鉴定、社群等多种元素叠加组合,创造了直播拍卖、同步拍卖等在线拍卖新模式。

另一方面,大众收藏潮流的兴起为在线艺术品拍卖开辟新蓝海。近年来,随着经济社会发展与消费者文化意识的提高,文化艺术品收藏开始由中高端收藏机构、常规行家向大众藏家、普通消费者普及。消费升级开始向收藏需求升级,部分消费者甚至会从艺术消费的角度进入拍卖市场,由此带动了邮票、钱币、纪念品、茶具、当代字画等中低价位文化艺术品在线拍卖市场的快速增长。可以预见,随着大众藏家规模的持续扩大,文化艺术品在线拍卖市场将日益丰富完善。此外,随着高净值人群增长,中国正逐渐成为全球艺术品拍卖主要市场之一。相关数据显示,[2]2022 年中国在全球艺术品市场中份额排名第三位(17%)。

3. 外部冲击加速在线拍卖应用渗透普及

新冠肺炎疫情对经济社会的冲击虽已逐渐远离,但是疫情带给人们工作生活方式的改变却是深刻而持久的,甚至成为在线拍卖行业趋近市场爆发点的重要因素。

一方面,消费者逐渐接受远程工作、学习与消费模式,网络购物群体进一步向中老年人群拓展。CNNIC 数据显示,2022 年度互联网应用网民使用率增长速度最快的应用类型分别是互联网医疗(21.7%)、线上办公(15.1%)、短视频(8.3%)、网络直播(6.7%)。随着短视频及网络直播应用的快速增长,直播拍卖成为在线拍卖新风尚,消费者对在线购买中低端价位的艺术品和古董的接受度大大提高。

---

[1] 中国互联网信息中心.第 51 次中国互联网发展状况统计报告[R]. 2023.
[2] 千际咨询.2023 年艺术品和古董行业研究报告[EB/OL]. [2023-06-10][2023-07-01]. https://www.sohu.com/a/683535005_99995154.

另一方面，传统拍卖行、画廊以及信息服务企业于危机中加速实体业务转型，推动在线拍卖提前从预演走进现实。据《2020年艺术品线上交易报告》数据显示，[1]苏富比、佳士得和富艺斯等顶尖拍卖行纯在线销售所占的份额已从2019年的不到2%上升到2020年的12%以上。中研网数据显示，2020年，中国拍卖行业成交额不降反升，全年成交8 387.05亿元，同比增长15.39%。[2]拍卖企业持续加大公司在数字化战略方面的投入，通过自建平台系统或携手第三方数字平台，优化在线预展、在线竞拍、同步竞拍、网络支付等业务流程，实现线上线下互促发展。拍卖企业还创新数字化营销模式，提高引流能力。传统拍卖行利用社交媒体强大的市场触达能力，在社交平台举行限时竞拍、直播竞拍等活动，激发网民参与在线拍卖的兴趣与热度，助力流量红利变现。2022年随着艺术活动逐渐恢复常态，文物艺术品在线拍卖的市场规模尽管出现一定程度回落，但随着新的工作模式日渐成熟，线上拍卖的活跃度已较长时间稳定在较高水平。

4. 政策松绑激发在线拍卖市场活力

健全流通体系、全面促进消费是畅通国内经济大循环的重要一环，伴随流通、消费领域一系列改革举措落地，在线拍卖行业也迎来新的发展机遇。政策红利对在线拍卖市场发展的促进作用主要体现在两个层面。

首先，在市场准入层面，"证照分离"改革推动拍卖业务许可由审批制转变为告知承诺制，企业业务多元化趋势明显提升。在准入机制改革的带动下，更多的企业加入到拍卖行业中来。根据中国拍卖行业协会（简称"中拍协"）统计，"证照分离"改革以来，电子商务、网络科技、工程建设、文化咨询类型企业成为拍卖行业新设企业的重要来源。

其次，从市场细分领域来看，一是司法拍卖成为执行工作新常态。2016年最高人民法院审议通过《关于法院网络司法拍卖若干问题的规定》，这标志着我国形成了以网络司法拍卖为常态、委托司法拍卖为例外的司法拍卖执行模式。截至2022年8月中国网上司法拍卖成交额超过2万亿元。[3]二

---

[1] 观研天下.国内外文物艺术品拍卖行业各有特色 未来数字化将助力线上线下融合发展[EB/OL].[2023-05-18][2023-07-17]. https://roll.sohu.com/a/676602185_730526.
[2] 环球要闻:拍卖行业市场如何？拍卖行业现状及发展前景分析[EB/OL].[2023-02-03][2023-07-17]. http://life.3news.cn/ylbg/2023/0203/840495.html.
[3] 新华社.最高人民法院工作报告(摘要)[EB/OL].[2023-03-08][2023-07-16]. https://www.gov.cn/xinwen/2023-03/08/content_5745352.htm.

是全面取消二手车限迁政策,激发二手车在线拍卖需求潜力。瓜子二手大数据显示,2022年8月至10月二手车线上异地流转均值占比较5月至7月提升50.1%。三是文化产业发展扶持政策陆续出台,进一步提振文物艺术品在线拍卖行业发展信心。国家层面《"十四五"文物保护和科技创新规划》《关于加强民间收藏文物管理促进文物市场有序发展的意见》等利好政策陆续出台,此外各地也在积极探索文物艺术品流通领域体制机制改革。比如,上海市浦东新区出台《上海市浦东新区文物艺术品交易若干规定》,苏州持续推动文物流通领域登记交易制度试点工作。数据显示,2021年全国超过90%的文物艺术品拍卖会通过纯网络方式举行,共计5 831场,成交拍品12.9万件,成交额15.2亿元,成交额较上年增长12.7%。[①]

(二)中国在线拍卖市场发展历程

虽然国内在线拍卖实践晚于欧美国家,但是凭借数字技术迅速迭代的优势与巨大的互联网人口红利,国内在线拍卖市场取得了快速发展。总体来看,国内在线拍卖的发展大致经历了三个发展阶段。

第一阶段为起步阶段,2000年前后,随着国内互联网与电子商务的迅速普及,以数字平台为载体的在线拍卖交易模式开始兴起,各类拍卖网站纷纷涌现。这一时期,拍拍网、嘉德在线、赵涌在线、孔夫子拍卖网等拍卖网站相继上线,这些网站或以个人闲置物品、企业库存商品为主,或以书画文玩、古董钱币等特殊物品为竞拍标的。拍品种类较为单一,参拍用户多为艺术文玩品类的收藏爱好者。

第二阶段为规模化阶段。2010年前后各大电商平台纷纷布局在线拍卖业务。在线拍卖平台是一个典型的双边市场,规模化效应明显,各大电商平台入局迅速改变了过去10余年网拍市场较为分散的竞争格局,行业集中化趋势日渐凸显。2007年,阿里创立在线拍卖业务平台,2014年,苏宁易购推出"闪拍"活动,2016年京东拍卖频道正式上线。与此同时,曾经的网拍三巨头也随着"一拍"并入淘宝、京东并购"拍拍",以及"易贝网"的正式关闭让位于如今的阿里拍卖与京东拍卖两大电商巨头。这些大型电商平台

[①] 华经情报网.2022年中国文物主要产业政策、拍卖情况及产业前景分析[EB/OL]. [2023-03-17][2023-07-17]. https://baijiahao.baidu.com/s?id=1760578497543897957&wfr=spider&for=pc.

凭借雄厚的用户基础、显著的技术优势与先进的供应链管理能力,在进一步丰富书画文玩等珍品拍卖品类的同时,迅速造就一批如二手机动车、土地使用权、股权债权、软件著作权等新兴市场,极大拓展了在线拍卖市场的参与主体。除入驻平台的商户、贸易公司外,政府部门、法院、金融机构等利用在线拍卖平台的频次也大幅增加,参与网拍的用户也从之前的中高端收藏机构、常规行家向大众藏家、普通消费者普及。

第三阶段为在线拍卖市场的多元化发展阶段。一方面,体现为在线拍卖市场的功能日益多元化。随着在线拍卖这一消费模式的普及,新一代网络消费者对在线拍卖的功能产生更多诉求。以抖音、快手为代表的新晋内容平台为适应这一新的消费趋势,将拍卖与直播、社交、团购、鉴定等多种元素叠加融合,创造了形式多样的在线拍卖新模式,不仅迎合了消费者参与拍卖时"博彩""捡漏"的消费心理,也能满足部分消费者进行知识分享、价值传播的社交与娱乐需求。在此背景下,传统电商平台、专业拍卖网站也开始纷纷试水"直播+竞拍"业务。另一方面,在线拍卖平台的类型更加多元化。在技术手段的加持下,在线拍卖的载体更加丰富,在线拍卖市场也由上一阶段的两家独大悄然演变为当前多元化发展格局,综合电商平台、社交内容平台、微信小程序、应用程序等各类平台凭借自身优势共同活跃在在线拍卖市场上。在线上拍卖高歌猛进的同时,苏富比、佳士得、西泠等传统拍卖行也在积极开拓在线拍卖市场,通过开发自有小程序或与专业网站合作,探索线上与线下拍卖的有机融合,传统拍卖行在线拍卖的场次与营收大幅提升,成为在线拍卖市场的重要组成部分。

(三)中国在线拍卖市场发展现状

中国在线拍卖市场经过 20 余年的发展逐步成熟壮大,随着平台载体、拍卖品类、商业模式的日益丰富,在线拍卖已由最初的小众市场发展为电子商务重要的补充交易方式。

1. 在线拍卖的市场规模

在线拍卖是一种典型的数字经济新业态,平台载体不仅包括各类数字平台,还包括传统拍卖行等线下实体,交易模式不仅限于线上拍卖,还包含线上线下同步拍卖。因此,当前对在线拍卖的市场规模尚无统一的统计口径。根据商务部《中国拍卖行业发展2019》，2019年全国网络拍卖市场规模按上拍标的起拍价计算超过3万亿元(含流拍及重复上拍)，上拍标的约130万件，起拍价与上拍标的分别比2018年增长约30%、40%。中国拍卖行业协会《2021年上半年拍卖行业经营状况分析》显示，2021年上半年网络拍卖成交场次50 486场，同比去年增加8 693场，较2020年、2019年同期分别增长20.8%、66.06%。根据权威部门预测，到2028年中国拍卖市场规模年成交额将高达3万亿元，估算规模以每年20%的增长递进。

2. 在线拍卖的市场结构

随着互联网技术在拍卖领域的深入应用，在线拍卖的市场结构正朝着多元化方向发展。在线拍卖不仅在传统的二手物品、古玩字画等领域继续发挥价格发现的重要功能，而且在公共资源、特殊资产、农副产品、数字藏品等领域也日益发挥起重要的资源配置功能。

从成交金额来看，房地产、土地使用权仍然是拍卖市场，同时也是在线拍卖市场稳步增长的绝对主力。中国拍卖行业协会对2021年全国拍卖行业上半年统计数据显示，土地使用权拍卖、房地产拍卖、股权债权拍卖成交金额最高，分别约为1 927亿元、582亿元、248亿元(表6-1)。随着政府、法院、金融机构等网络拍卖或者网络委托拍卖的常态化，土地使用权、不动产、股权债权等高估值标的的在线拍卖成交金额将持续提升。

此外，随着数字化资产处置模式的持续升温，以在线拍卖方式进行资产处置的类别与规模持续稳定增长。根据《2022年互联网资产处置数据观察》，京东拍卖业务中资产处置成交金额连续三年复合增长率达50%。从整体成交率与溢价率来看，2022年奢侈品、船舶和机动车的整体成交率最高，奢侈品、矿权和机动车的整体成交率最高。

从委托来源看，虽然政府部门、法院、金融机构的委托成交金额最高，但个人、破产清算组、其他机构委托成交额同比增速最高，分别可达190.79%、89.02%、60.44%。[①]

[①] 中国拍卖行业协会.2021年上半年拍卖行业经营情况分析[EB/OL].[2021-08-02][2023-08-01]. http://www.caa123.org.cn/mainSetting/103/14991.

表 6-1 各类标的成交金额(亿元)

标的类型	2021 上半年	2020 上半年	2019 上半年	2018 上半年
房地产	582.00	421.95	476.40	588.94
土地使用权	1 926.97	1 854.89	1 650.44	1 591.97
机动车	125.43	69.02	65.05	53.15
农副产品	16.72	11.77	27.12	16.59
股权、债权	248.29	183.95	226.43	209.12
无形资产	148.10	137.34	110.37	125.77
文物艺术品	40.40	64.01	36.81	71.24
其他	489.28	211.62	168.46	223.33
成交额合计	3 577.23	2 896.94	2 761.08	2 880.10

• 资料来源:根据中拍协历年全国上半年行业经营情况分析报告的数据整理。

值得注意的是,虽然房地产、土地使用权、股权债权等标的的交易金额大、占比高,但文物艺术品、机动车、农副产品等在线交易品类的快速增长对活跃在线拍卖市场、激发在线交易模式创新具有不可替代的重要作用。

一方面,随着消费市场转型升级、国民消费理念的发展变化,消费类文物艺术品、以机动车为代表的二手物品交易市场增长潜力巨大,毫无疑问成为行业持续增长的重要支撑。研究数据显示,就交易价值而言,中国文玩市场规模从 2017 年的 6 870 亿元增加至 2021 年的 9 634 亿元,复合年增长率为 8.8%。2022 年在文物艺术品拍卖市场整体回归理性增长的背景下,线上拍卖总体销售额仍较 2019 年高出 85%,而线下拍卖这一比例仅为 11%。

另一方面,以文物艺术品、机动车、农副产品为代表的在线拍卖市场,个性化程度强、交易频次高,尤其是文物艺术品交易本身就具备较强的社交属性,因此成为近年来在线拍卖市场中交易模式创新最集中、功能迭代最快的领域。调研结果显示,在 78 个在线拍卖平台中,文物艺术品交易平台约占 42.3%,机动车交易平台约占 14.1%。此外,文物艺术品与二手车网拍平台提供的竞价模式最为丰富,不仅包括连续增(或降)价、一口价以及代理竞价等传统竞价模式,还创造先降后增、自由竞价、速胜式拍卖等新的竞价模式。

3. 发展在线拍卖的功能意义

拍卖业作为商贸流通行业的细分门类,具有典型的"小行业、大市场"特征。虽然拍卖在国民经济统计口径中只是从属于第三产业"其他服务业"的一个小众产业。但拍卖尤其是近些年来快速发展的在线拍卖作为一种价格发现的定价工具,已被广泛应用到生产生活的各个资源配置领域中去。拍卖在商品流通中已渗透到家庭物品、房地产、股权、车辆、票据收益权处置,乃至国家的股票交易定价。随着拍卖与数字经济的深度融合,万物皆可拍的时代已悄然来临。

首先,在线拍卖可以开辟消费新场景,创造消费新需求。中共二十大报告提出,要"增强消费对经济发展的基础性作用"。当前,我国正处在提振市场信心、刺激消费扩张的关键阶段,在线拍卖作为数字技术与传统行业深度融合的新业态、新模式在创新消费场景、拉动市场需求方面具有重要意义。

在线拍卖这一新型网络交易模式能够有效激发各类消费市场的潜在需求。随着网络拍卖的深入普及,大量之前对线上拍卖持保守态度、观望心态的消费者,逐渐尝试参与和使用在线拍卖,从毫不关注到注册尝试、从不敢下手到先拍点便宜的藏品体验一下。在线拍卖市场不仅满足了广大中产阶级日益增长的大众艺术品消费需求,而且为年轻用户提供了诸如潮流艺术、IP定制产品、二手奢侈品等多元化的市场选择空间。因此,在线拍卖远远不是传统线下拍卖的简单线上化,更为重要的是,它通过数字平台为消费者打造了一个全新的消费场景,创造了一类新的消费需求。

其次,在线拍卖可以创新商品市场价格发现机制,提升资源配置效率。一方面,在线拍卖技术的成熟完善打破传统拍卖对买卖双方的时间与空间限制,有效扩大了拍卖市场的供需规模,使得市场竞争更加充分,成交价格更加合理,资源配置更加有效。另一方面,数字技术为在线拍卖平台创新竞价模式提供了必要的技术支撑,除了常见的公开升价拍卖、代理竞价、一口价等模式外,在线拍卖平台的竞价模式越来越多元化,比如同步竞价、实时竞拍、无底价暗拍、团购+拍卖等。多元化的竞价模式不仅契合了消费者在线竞拍的趣味需求,而且降低了传统交易市场中由沟通匹配带来的效率损耗,为非标准化商品提供了有效的价格发现机制。

最后,在线拍卖可以深度融合数字技术,逆向拉动全产业链变革。在线拍卖通过预展、直播、委托等技术创新进一步打破制约零售活动的"人""货""场"的时空限制。逆向拉动评估鉴定、交易服务、贷款配资、物流、保险等上下游产业的快速发展。值得强调的是,电商平台作为在线拍卖的重要组织者在拉动网络拍卖全产业链变革的过程中发挥着举足轻重的作用。以京东、淘宝为代表的电商平台凭借自身强大的能力,有效解决了司法拍卖、不良资产拍卖等数字化过程中诸如交易匹配、全款竞拍等难点痛点,为在线拍卖提供了全场景细化、全产业链深入的拍卖服务。可以预见,数字技术与拍卖技术的深度融合,将进一步提升在线拍卖的资源配置、交易、流通功能。

二、引人瞩目的在线拍卖平台

在蓬勃兴起的在线拍卖市场中,在线拍卖平台的创新发展发挥了重要的引领作用,它不仅为在线拍卖提供了重要的交易载体,也是在线拍卖市场重要的机制设计者与规则缔造者。正因如此,在当前扩内需、促消费的宏观经济形势下,在线拍卖平台的创新发展毫无疑问成为数字经济浪潮中引人瞩目的存在之一。

(一)在线拍卖平台的内涵与形式

在线拍卖平台是为个人或企业提供网络拍卖服务的数字生态系统。随着数字技术的飞速发展,在线拍卖平台形式日益丰富。比如,按照载体类型可以分为传统网页、电商平台 App、微信小程序以及微信拍卖群等。按照平台功能可以分为电商平台、本地生活平台、社交内容平台,按照品类范围可以分为垂直类在线拍卖平台和综合性在线拍卖平台。

从平台经济理论的角度来看,平台与双边市场是一对密不可分的概念,与传统意义上的电商平台一样,在线拍卖平台同时具有企业与市场的双重属性。企业组织意义上的在线拍卖平台是指基于数字技术构建线上拍卖场所,为商家与消费者提供线上信息发布、拍品展示、机制设计、在线竞价、购买支付等一系列服务的企业。而虚拟市场意义上的在线拍卖平台侧重于平台的资源配置功能。一方面,在线拍卖平台为线上拍卖提供了一类特殊的市场组织模式,以数字平台为核心,通过链接两种或多种类型的用户信息实现待拍物品的价格发现与资源配置功能。另一方面,在线拍卖平台也扮演着市场机制设计者的特殊角色,对在线拍卖市场的有效运行发挥着重要的引导作用。

在目前可观测的范围内,数字平台在线拍卖功能的开发主要受以下两类因素驱动。一是由平台内生的跨界需求驱动,以淘宝网、京东、拼多多等综合性电商平台为代表。二是由外部市场需求驱动,以专业拍卖网站、在线拍卖小程序等为代表。前者是电商平台发展到一定阶段,在内部资源配置效率最大化与利润最大化驱动下,平台业务多元化转型的重要结果。因此,以综合性电商平台为代表的在线拍卖平台不仅拥有大规模用户基础,同时也具备跨界引流的渠道优势。后者则是市场主体受市场需求驱动而进行的商业模式创新。当前此类在线拍卖平台或借助线下拍卖行的品牌效应引流,比如嘉德在线、朵云轩,或依托其他综合性电商平台、微信小程序等外部资源实现流量导入。

通过各类信息搜集,本研究对当前国内在线拍卖市场的主要平台类型与代表性进行了系统梳理,具体如表 6-2 所示。

表 6-2 在线拍卖平台的主要类型与代表性网站

主要类型		代表性网站
综合电商平台		阿里拍卖、京东拍卖、当当拍卖
社交内容平台		拼多多、抖音、快手、大咖拍卖群、艺麦微拍群、中国经济网艺术圈
本地生活平台		58同城、闲鱼
专业拍卖平台	综合性	中拍平台、全球拍、易拍全球、全拍网
	文化艺术品	雅昌、赵涌在线、艺狐全球、艺典网、孔夫子旧书网、拍库、爱藏网、微拍堂、元贞网拍、华艺淘珍、域鉴、嘉禾网拍、玩物得志、天天鉴宝
	二手车	天天拍车、优信拍、车易拍、汽车街、恒大拍卖、博车网拍卖、国联拍、大众拍卖、小宁拍、唯普汽车
	国有资产、特殊资产	聚拍网、网优拍、冶金旧网、百昌拍卖、保拍网、拍拍在线、上海国拍
	数字藏品	鲸探、淘宇宙
	司法拍卖	公拍网、来拍呀、融e购App、嘉拍拍卖、来拍法服
拍卖行网拍平台		嘉德在线、朵云轩网络拍卖、朵云轩同步拍、艺是—西泠、佳士得小程序、匡时网拍、保利网络拍卖平台、苏富比拍卖、永乐拍卖

• 资料来源:作者根据网络信息整理。

从表 6-2 可以看出,当前国内在线拍卖平台呈现出多元化的发展格局,其中既包括传统的综合型电商平台,也涌现出许多专注于某一品类的垂直型电商平台以及开辟在线竞拍功能的社交内容平台。笔者以"在线拍卖"作为关键词在百度搜索页面共搜集到 78 个在线拍卖平台的有用信息。其中,综合性电商平台 8 个、专业拍卖平台 70 个。在专业拍卖平台中,二手车类平台 11 个、司法类与特殊资产类 14 个、文物艺术品类 39 个。总的来看,在可以观测到的范围内,文物艺术品、司法拍卖与二手车领域是当前在线拍卖平台数量最多、最为活跃的类别。

(二) 在线拍卖平台的运营模式

当前,在线拍卖平台通常采用 B2B、B2C、C2C 或 O2O 等运营模式,收入来源主要包括佣金、平台服务年费和线上营销服务费等。综合来看,在线拍卖平台的运营模式主要有以下两种。

一是平台主要发挥网上信息交易功能。平台对各类买家与卖家开放,通过提供信息发布或搜索功能,促使艺术机构与收藏者、艺术家与收藏者、收藏者与收藏者之间形成有效匹配,进而实现直接交易,平台不介入买卖双方的交易,只赚取会费以及广告收入等。这类模式在国外非常普遍,近年来,国内也陆续涌现出以信息发布为主要功能的在线拍卖平台,比如,艺狐在线、来拍法服等。

二是平台主要发挥在线拍卖组织功能。平台通过将线下拍卖流程直接或进行一定调整后转移到线上,实现在线拍卖的组织功能。根据平台与拍品所有关系,此类平台在实际运行中又可以细分为三类。一类是平台仅负责组织拍卖但并不负责拍品征集,比如雅昌艺术品拍卖网、盛世收藏网、博宝艺术网等。另一类是平台不仅负责组织拍卖而且同时负责拍品征集,此类平台通常是线下拍卖行自建的网络拍卖平台,代表性的平台如嘉德在线、匡时网拍、朵云轩同步拍等。还有一类少数平台是先将拍卖品买下,然后再通过网站拍卖,从中获得差价。随着数字技术的飞速发展,在线拍卖平台的运营模式将日臻丰富,平台间运营模式的边界也必然会日益模糊。

(三) 在线拍卖平台的竞价模式

当前,面向消费者的在线拍卖平台(B2C、C2C)普遍采用公开升价的竞价方式。在此基础上,根据价格抬升与信息披露的方式不同,公开升价方式又可以进一步分为连续增价与代理竞价两种类型。代理竞价方式通常由代理竞价系统替竞买人完成,竞拍人只需向系统输入当前对拍品的最高估值。连续增价方式是由卖方设定起拍价格和固定加价幅度,竞拍人按照加价幅度公开竞争出价,最终出价最高者以其报价金额赢得拍品。在搜集到的 78 个在线拍卖平台中,约有 95% 的在线拍卖平台提供此类竞价模式。其次,约有 28% 的平台设有"一口价"选项,约有 28% 的平台提供代理竞价方式,且代理竞价模式常见于文物艺术品领域。此外,还有极少数在线拍卖平台设置暗拍(约 9%)、先减后增(约 1%)、即时成交(约 2%)

等竞价模式(表6-3)。

表6-3 基于价格决定规则的在线拍卖竞价类型与应用

基本类型	具体形式	主要内容	应用平台
单向拍卖	连续增价拍卖	代理竞价	易贝、亚马逊、雅虎代理竞价
		连续竞价	京东拍卖、阿里珍品拍卖、拼多多
	连续降价拍卖	拍品价格随时间逐步降低,买方在竞拍中出价,则能以当前价拍得商品,直至拍品降至底价或库存为0,拍卖结束	阿里珍品拍卖、京东拍卖
	一口价拍卖	卖家在一定拍卖周期内以固定价格出售商品。主要有固定一口价、临时一口价、持久一口价三种形式	易贝、京东一口价拍卖
	网络团购拍卖	竞拍人通过数字平台组团,以较低价格的折扣购买同一种商品,且商品价格随团购人数增加而降低	Mobshop.com
逆向拍卖(网络采购拍卖)		买方向平台提交其欲购买的物品、服务以及愿意为此支付的价格,平台方在提供此物品或服务的报价单中搜索符合条件的应价方(卖方),买方报价高于卖方要价,拍卖成交	Priceline(逆向出价)
双向拍卖	连续竞价	买卖双方给出各自报价和参加交易的产品数量,只要一方中有人接受另一方的叫价,两者便可以达成交易,每次交易一个商品。然后再开始新一轮的叫价	网格资源拍卖
	集合竞价	平台对一段时间内接收的买卖申报一次性集中撮合,集合竞价的所有交易以同一价格成交	证交所公开集合竞价产生开盘价

• 资料来源:作者根据相关网站信息整理。

(四)在线拍卖平台的发展趋势

在线拍卖平台作为网络拍卖重要的市场组织者与机制设计者,在技术供给快速发展与消费需求转型升级的双重驱动下,也在持续推进自身变革。尤其是大型电商平台与社交内容平台开始布局在线拍卖业务后,在线拍卖市场的行业竞争格局发生巨大变化。曾经的网络拍卖市场三巨头易贝网、淘宝网、一拍网逐渐让位于拥有大规模用户基础的阿里拍卖平台与京东拍卖平台。面对大型综合性电商平台的规模优势,诸多在线拍卖平台开始通过差异化策略抢占市场份额,在中国互联网人口红利逐渐减弱的背景下,市场竞争更加激烈。因此,无论是从在线拍卖市场的行业竞争格局还是从网拍平台自身的模式创新来看,中国在线拍卖市场都面临着新的发展趋势。

第一,平台竞争开始进入存量时代。就总体趋势而言,网民规模以及网络购物用户规模增长速度日趋平缓是中国网络交易市场的客观形势,虽然当前网络拍卖的用户规模增长速度明显高于网络购物,但是在互联网人口红利边际递减的大背景下,在线拍卖平台也将不可避免地面临存量竞争时代的来临。就阶段性趋势而言,在线拍卖尤其是文物艺术品拍卖,在2020年到2021年间因受外部因素影响,出现一轮爆发式增长。许多实体拍卖行被迫将线下业务转移到线上,直播拍卖、同步拍卖的场次与成交金额都出现大幅度跃升。随后,在线拍卖市场的增长态势逐渐回归理性水平,虽然在线拍卖的普及率与渗透率仍将维持在较高水平,但阶段性的爆发在某种意义上也提前透支了未来一段时期的增量市场。在多重因素叠加的背景下,国内在线拍卖平台的竞争也必将逐渐步入存量竞争时代。

毫无疑问,在新的竞争格局下,各类在线拍卖平台的竞争策略也开始出现分化。体量较大的综合性电商平台凭借庞大的用户基础与完备的供应链体系,积极布局全品类在线拍卖市场,并通过组织改革积极适应市场变化,提升跨频道引流能力,提高留存用户转化率、复购率。聚焦专业品类的垂直网拍平台则深耕专业领域,通过创新竞价机制、知识圈层营造等方式精准回应消费者网络购物、社交娱乐的多元化需求,提升消费者对平台的忠诚度,并增加用户复购行为。

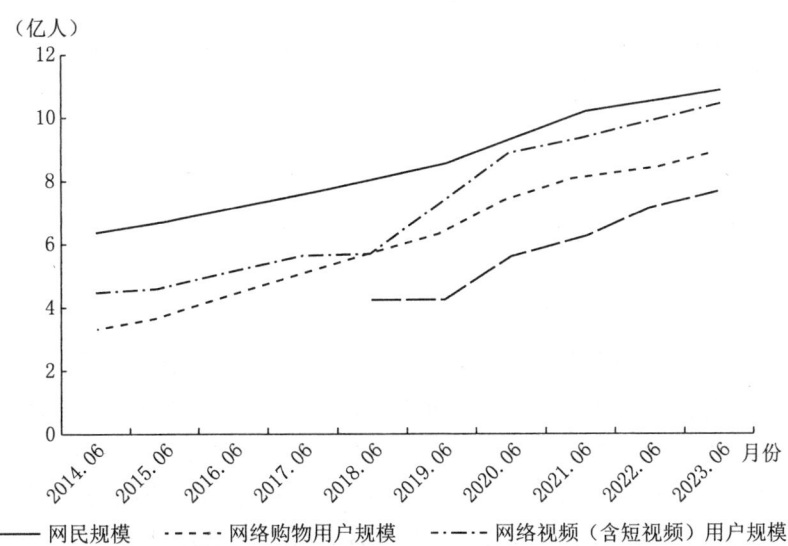

图 6-1　2014 年 6 月—2023 年 6 月中国各类网络用户规模变化趋势

• 资料来源:作者根据中国互联网信息中心历年发展状况统计报告整理绘制。

第二，平台功能更加多元化。平台功能多元化不仅是在线拍卖市场存量竞争的策略手段，而且也是消费市场转型升级的必然要求。从在线拍卖平台目前已有变化趋势来看，平台功能的多元化主要体现在核心功能多元化与附加功能多元化两个方面，前者主要侧重在线拍卖平台的交易功能，而后者则主要围绕消费者的心理需求开展商业模式的创新。

从当前发展趋势来看，平台核心功能多元化主要表现为以商品价格决定方式界定平台类型的界限越来越模糊。笔者通过对国内外近百家在线拍卖平台调查研究发现，越来越多的垂直类在线拍卖平台开始布局固定价格销售业务。目前，大多数二手车在线拍卖平台都采取同时为购车方（或售车方）提供定价购买（或收购）与竞价购买（或收购）的交易方式。越来越多的文物艺术品垂直在线拍卖平台开始增加固定价格销售功能。基于大样本研究甚至发现，近年来易贝网上采用常规拍卖的商家呈下降趋势，而采用固定价格销售的商家则逐渐增加。

平台附加功能的多元化主要体现在平台功能模块逐渐由以交易功能为关键环节的链式结构向以交易功能为核心的矩阵式布局转变。这一特征在近年来新涌现的在线拍卖平台中尤为显著。以2014年之后成立的垂直类文物艺术品在线拍卖平台为例，无论是微拍堂、天天鉴宝，还是玩物得志、拍库，此类平台除拍卖功能外，直播、鉴定、社区、知识等功能模块都在平台的业务运行矩阵中处于十分重要的地位。多元化的功能布局不仅可以迎合消费者投资、收藏、捡漏的交易需求，也满足了用户知识分享、价值传播等社交娱乐的心理需求。

可以预见，以互促融合为手段的多元化发展模式将是未来在线拍卖平台发展演进的重要方向。日新月异的技术手段与商业模式创新将重新定义在线拍卖的"人""货""场"，进而创造更加多元化的拍卖场景。

第三，高端艺术品将成为在线拍卖市场新的增长点。网络拍卖市场起步之初，在线拍卖仅仅发挥着"撬动"低端市场、小众市场的作用。尽管在线拍卖市场经过20余年的发展逐渐成熟壮大，但是，在线拍卖无论是在拍品价值还是在行业影响力方面都无法与线下拍卖相提并论。然而，在数字经济与传统拍卖行业深度融合的大背景下，高端拍品，尤其是文物艺术品领域的高端藏品，相较于其他品类来说仍然具有较大的增长空间。

从拍卖市场的整体发展趋势来看，《巴塞尔艺术展与瑞银集团环球艺术市场报告》数据显示，2022年带动艺术品拍卖领域价值增长的主要推动力仍然源自高端市场。在艺术经济（Arts Economics）与瑞银集团对高净值收藏家的调查数据显示，77%的受访者对全球艺术市场保有乐观预期，逾半数藏家未来有购买计划。对中端拍卖行的调查数据显示，60%的受访者认为在线艺术品拍卖将继续保持增长。随着越来越多的高端藏家选择网拍模式，高价值拍品将成为在线拍卖平台在未来的重要增长来源。

从高端拍品参与线上拍卖的技术条件来看，5G技术为同步拍卖、直播拍卖提供了高速连接与低延时的网络环境，虚拟现实、人机交互等技术手段有效消弭竞拍人参与远程投标时的心理距离，而且进一步增强在线大额交易的信息安全。数字技术的飞速发展不仅克服了传统藏家对网络拍卖真实性、安全性等的种种疑虑，同时也为新晋买家提供了更多及时便捷的选择。

三、中、美两国在线拍卖市场的比较

在线拍卖平台的兴起源于美国，近30年来美国在线拍卖技术手段与商业模式创新发展也在一定程度上代表了当前全球的最高水平。通过对中美两国在线拍卖市场的系统比较，我们可发现两类市场两种资源配置模式的发展特征，并从中找到进一步完善国内在线拍卖市场体系的借鉴。

（一）美国在线拍卖平台发展概况

在线拍卖兴起于20世纪90年代的美国，并随着互联网的高速发展而风靡全球。1995年，eBay创始人皮埃尔·奥米迪亚首创在线拍卖的网络交易方式取得巨大成功，随后Amazon（亚马逊）、Yahoo（雅虎）等数字平台相继推出在线拍卖业务。1998年，杰伊·沃克申请了一项名为"自助定价系统"的商业专利，并创立Priceline网站，成功将"逆向拍卖"与电子商务结合起来，创造性地解决了酒店、机票等时效性商品的动态定价问题。2002年，雅虎在全球首创搜索竞价模式，成功将竞价机制应用于搜索引擎市场，随后各大搜索平台、电商平台纷纷效仿。竞价排名机制不仅极大拓展了在线拍卖的应用范围，而且强烈激发了在线竞价机制的迭代创新。同年，LiveAuctioneers（直播拍卖）因开创全球在线实时竞拍顶级艺术品新模式而风靡全球。2012年，创立于硅谷的新兴移动电商闪拍平台（Tophatter）凭借高参与、高转化,高复购的"闪拍"①模式成功找到在欧美电商市场的准确定位,一度成为彼时增长速度最快的在线拍卖平台。此外,大量本地生活与二手物品交易平台不断创新的灵活议价机制(或称为讨价还价机制),也持续丰富了美国在线拍卖市场的竞价模式。近年来,区块链技术的发展使数字藏品成为备受瞩目的全新收藏领域。一些非同质化通证(简称 NFT)交易平台都设置了限时拍卖功能,使其可以根据加密艺术品的不同主题采用公开竞价、无声竞价、抽签、随机礼包、开放版数等多种方式组织线上拍卖。

随着数字技术的飞速发展与用户需求逐渐多元化,美国在线拍卖市场竞争日益激烈,在新兴在线拍卖平台迅速崛起的竞争格局下,以 eBay 为代表的传统网拍平台业务逐渐向多元化方向发展,甚至发现 eBay 上采用常规拍卖的商家比例逐渐下降,而采用固定价格销售的商家比例逐渐增加。但即便如此,eBay 在美国在线拍卖市场中的流量份额至少达到 85%,交易份额甚至更高。

从以美国为代表的发达国家在线拍卖发展历程可以发现,每一次网络拍卖技术的创新都会掀起一波网络交易模式的变革,并产生一批新的电商平台领跑者。以美国为代表的发达国家在线拍卖市场已经相当成熟,不仅市场规模大而且交易品类极其多样。一方面,基于传统拍卖文化与拍卖理念的传承,在线拍卖在社会经济生活中的渗透率及普及率都达到较高且较为稳定的水平。另一方面,与在线拍卖相关的信用机制与平台治理也已相对成熟完善,网络拍卖的规范化、理性化程度都已达到较高水平。

(二)中、美两国在线拍卖平台的差异

中、美两国在线拍卖市场是当前全球网拍规模较大的两个市场,比较中、美两国在线拍卖发展历程,不难发现,中、美两国在线拍卖市场的发展脉络存在较大差异。具体体现在市场基础、模式创新、平台监管等多个方面。

首先,从市场基础来看,美国在线拍卖市场的兴起建立在线下拍卖市场相对成熟的基础上。在网络拍卖流行之时,美国的拍卖行业便已经成为一种涉及较广范围的经常性交易方式,尤其是在二手闲置物品交易领域,将闲置物品送拍或通过在线拍卖购买消费品已经成为一类比较流行的生活方

---

① 闪拍是 Tophatter 最为核心的业务板块。用户在进入闪拍模式下,平台通过大数据技术对商品进行精准推送,消费者需要在有限时间内竞争出价,价高者得,平均成单时间仅需 90 秒。

式。而中国在线拍卖市场的发展几乎是与线下拍卖市场的深入普及同步进行,消费者对网络拍卖的认可程度是随着拍卖市场与平台经济的深入发展而逐渐增强的。经过20余年的发展,虽然中、美两国在线拍卖市场的成交总额差距逐渐缩小,但从在线拍卖在网络销售总额中的占比来看,中、美两国还存在一定的差距。有研究显示,2019年我国在线拍卖在网络销售总额中的占比大约只有美国的39.7%、英国的23.8%和法国的26.5%。这也在一定程度上反映了中国网民对在线拍卖的认可度和接受度仍然滞后于西方发达国家。

其次,从模式创新来看,中、美两国市场各有侧重,美国侧重竞价机制创新,而中国侧重竞价场景创新,在竞价机制的选择上相对单一。尤为值得注意的是,在消费品领域,以美国为代表的西方发达国家电商平台普遍采用代理竞价模式,或在代理竞价之外同时提供其他竞价模式,而中国电商平台则多选择连续竞价模式。本研究对国内78个在线拍卖平台的拍卖模式与竞价方式进行系统梳理后发现,在竞价方式选择方面,连续竞价(主要是连续增价)方式是在线拍卖平台中最常见的竞价方式,约有95%的在线拍卖平台提供此类竞价模式。

最后,从市场监管方面来看,美国对在线拍卖市场的约束主要是通过行业自律与信用约束间接实现的,中国则更加侧重于通过法律进行约束。目前美国并无专门针对拍卖或网络拍卖的法案,对在线拍卖的法律约束主要源于合同法、联邦宪法和州宪法等,对在线拍卖欺诈行为的打击主要由司法部门和联邦贸易委员会负责。行业协会是美国拍卖行业自我规范的主要途径,行业协会通过独立的规章制度、工作程序在资金、诚信等方面对会员实行严格的约束。此外,健全的市场信用体系对净化网络拍卖环境起到了巨大的激励机制与约束功能。行业协会、征信机构、数字平台等多方主体等共同构成了美国在线拍卖市场多元化的治理体系。中国在拍卖方面的立法相对完善,在拍卖立法方面已经形成"一法三规章"的格局,除此之外,《电子商务法》《网络交易监督管理办法》等也是规范在线拍卖市场发展的重要法律制度,但与美国相比,目前国内基于行业协会的自律机制以及基于信用体系的激励约束机制还不够健全。

四、我国在线拍卖平台发展存在的问题

在线拍卖平台的模式创新与技术迭代有力地推动了中国在线拍卖市场

的蓬勃发展。然而,在线拍卖平台作为一个以盈利为目的的市场主体,在面对迅速变化的市场环境时,也不可避免地存在着诸如盲目竞争、拍假售假等负面行为。但是,由于平台企业的特殊性质,企业的行为偏差极有可能在以数字平台为载体的双边市场中成倍放大,对在线拍卖市场的持续健康运行产生负面的乘数效应。从目前可以观察到的范围来看,在线拍卖平台的创新发展主要存在以下几方面问题。

第一,在线拍卖平台的治理机制尚不健全。网络欺诈是影响中国在线拍卖市场持续健康发展的首要因素。在线拍卖市场是典型的信息非对称市场,网络交易的时空分割以及竞价过程的匿名性不仅使传统线下拍卖的欺诈行为更易得逞,而且产生了新的非诚信交易问题。比如,卖方制作假图录、对拍品虚假描述、通过虚假身份"托儿"进行出价,买方通过增量加价进行合谋要约、竞拍成功后延迟付款等。由于缺乏相应的信用约束机制与技术甄别手段,此类行为违法成本低且不易被察觉,依靠法律法规的治理模式收效甚微。长此以往,不仅严重削弱了买卖双方对网络拍卖市场的信任,而且阻碍在线拍卖市场的持续发展壮大。

近年来防范在线拍卖中欺诈行为虽然屡被提及但实践中却鲜有成效,归根结底在于在线拍卖市场中的平台治理机制尚不健全。大部分在线拍卖平台缺乏完善的身份认证、信用评估、入驻审核以及失信惩戒机制,导致网拍平台进入门槛低、失信成本低,一定程度上助长了入驻商家的非诚信交易行为。部分商家在利益驱使下,甚至通过直播、鉴定、拍卖等"一条龙服务"售卖问题商品,利用消费者的"捡漏"心理以假乱真、以次充好。由于平台缺乏相应的审核与惩戒机制,在面对消费者维权时或无能为力,或听之任之。

第二,部分在线拍卖平台的模式创新缺乏可持续性。随着移动电商的深入和普及,一批主打模式创新的在线拍卖平台,尤其是垂直式文玩类电商平台,短时间内大量涌现。平台通过"拍卖+直播""拍卖+鉴定""拍卖+社群"等模式创新创造了巨大的流量红利,极大推动了网拍市场的繁荣。然而,在某些行业中"流量"并不是万能的。网拍商品尤其是文玩类商品并不是一种高频的消费品,如果平台在吸引流量的同时并没有将其高效、连续地转化为"商业价值",那么靠破圈撑起的流量大盘将无法持续,更无法支撑平台的持续壮大。2021年开始,不少文玩类电商平台在红极一时后开始进入下行周期,活跃商家、活跃买家等多项数据出现下滑。比如,凭借直播鉴宝出圈的文玩电商顶流"天天鉴宝"仅在2020年一年就完成五轮融资,独立App的注册量一度达到2 000万,然而之后便再未获得新的融资。

第三,针对在线拍卖市场的行业规范尚不健全。当前我国规范拍卖领域的法律制度主要是"一法三规章",即《拍卖法》《拍卖监督管理办法》《拍卖管理办法》《文物拍卖管理暂行规定》,然而上述的法规主要是针对线下拍卖的规范和制约。除此之外,2019年1月1日起施行的《电子商务法》与2021年5月1日起施行的《网络交易监督管理办法》,虽然对网络交易活动做了详尽的规定,但是对在线拍卖活动鲜有涉及。虽然国家标准化管理委员会在2016年颁布了《网络拍卖规程》,将《拍卖法》的条款向网络拍卖方面做了相应的衔接和拓展,但其更适合由拍卖企业经营的在线拍卖行为,并不能充分契合作为第三方的在线拍卖平台的诸多具体诉求,而且作为一个推荐性的标准,它也不具备法律上的强制执行力。因此,当交易双方在网络拍卖中出现纠纷时,尤其是在涉及拍品真伪、悔拍退货或延迟付款等问题时常常缺乏具体的法律依据,这也是造成在线拍卖市场中纠纷多、维权难的重要原因。

五、实现在线拍卖平台持续健康发展的对策建议

在线拍卖市场的发展有其特殊的经济基础与阶段性特征,中国在线拍卖市场在近30年的成长历程中从无到有、从小到大,并逐渐建立起相应的制度体系。但正如前文指出的那样,看似蓬勃发展的市场背后也存在诸多问题,其中既有对在线拍卖平台的监管缺失,也有平台自身治理机制的不完善,同时也有消费者在"捡漏"心理驱动下产生的非理性需求。因此,实现在线拍卖市场的持续健康发展仍需多方主体协同发力,共同推进。

第一,在线拍卖平台作为网拍市场的重要组织者要加快完善平台治理机制,营造公开透明的在线拍卖信用生态。进而有效消除消费者对网络拍卖尤其是对高估值拍品进行在线竞价的顾虑,打破当前在线拍卖市场中"围观者多出价者少"的窘境。

一要强化平台责任意识,提升风险防范能力。细化对商家入驻的审核标准,充分利用大数据资源或借力第三方中介机构对申请入驻或注册的用户形成全面客观的信用评估。组建专业团队或依托其他评级鉴定机构加强

对上拍物品的品质把控,从源头降低虚假交易、拍假售假等行为发生的可能性。

二要完善平台信用评价体系,构建激励相容的信用约束机制。创新买卖双方的信息反馈模式,通过平台评价系统让竞拍人能够客观了解卖方的商品质量、交易及时性、服务态度等,通过交易留痕的方式让商家能够准确了解竞拍人的交易习惯和信用状况,进而提高网络拍卖的安全性、可靠性。可借鉴 eBay 或 Amazon 等拍卖平台的做法,向所有潜在的竞拍人出示本场竞拍人的基本信息,如成功参拍次数、参拍年限等,让潜在竞拍人能够了解参拍对手经验水平等基本情况,这既有利于提高参拍人对竞价信息的甄别能力,更有利于提高连续竞价学习效应的正向作用。

三要创新技术手段,提高对买卖双方交易行为的动态监测,坚决打击在线拍卖中的网络欺诈行为,尤其是商家"托儿"出价的不正当竞争行为。我国《拍卖法》明确规定"拍卖人及其工作人员不得以竞买人的身份参加自己组织的拍卖活动,并不得委托他人代为竞买"。但实践中"托儿"的现象却屡禁不止,个别送拍方通过伪造竞拍人身份或雇用专业"托儿"大幅提高拍品价格。如果不加强对"托儿"的打击,中国在线拍卖市场将难以做大做强。

第二,充分发挥在线拍卖平台在资源配置上的重要功能,创新在线拍卖运营模式与在线竞价机制设计,在做大流量的同时引导并培育竞拍人理性竞价,推动在线拍卖平台的持续健康发展。

一是创新平台运营模式,提高流量转化率,降低同质化竞争对平台用户的利益损害。随着在线拍卖平台逐步进入存量竞争阶段,网拍平台之间的流量竞争日趋激烈,如果仅仅靠制造噱头、压低价格提高市场占有率,那么最终将挤走平台市场中的高质量用户。因此,在线拍卖只有通过创新运营模式,采取差异化的竞争策略,才能兼顾流量规模与流量转化的双重目标,使平台获得持久的发展。比如,垂直性在线拍卖平台应更加侧重提高用户体验,增加社群黏性,综合性电商平台应更加侧重发挥大规模用户基础的天然优势,创新信用服务,拓展交易边界。

二是创新平台竞价机制设计,引导用户理性出价、有序竞争。必须承认,当前中国在线拍卖市场还处于发展阶段,随着竞拍人认知能力的不断提高,当市场经济理念全面渗透到在线拍卖市场之后,买卖双方对拍卖活动的态度将更趋于理性,此时,选择何种竞价模式,完全取决于拍品性质和双方意愿,并不会影响拍卖市场的发展及其配置效率。在目前情况下,可考虑在公开升价模式基础上增加代理竞价等选项,让参拍人逐步理解和接受代理竞价模式。为此,可尝试在专业性强、标识度高的在线拍卖品类中增加代理竞价选项,吸引更多专业人士或经验丰富的竞拍人参与在线拍卖,通过增加参拍人竞价模式的选择权,发展出以竞拍人认知差异为标准的多层次、多竞价模式的在线拍卖生态,充分发挥在线拍卖平台优化资源配置的功能。此外,针对当前在线拍卖中的"狙击"行为或价格消耗战,平台还可以通过适当提高加价幅度相对拍品保留价格的比例,适当限制延时次数等规则,引导竞拍人理性出价,减少非理性竞争行为对消费者剩余的负面影响。

第三,创新"政府＋平台"多元共治的监管思路,充分利用政府部门的政策工具箱与数字平台占有的大数据资源,形成监管合力,弥补政府监管与平台自治相互独立造成的监管缺口与政策留白。

一是探索建立基于数据共享的集成监管模式。创新政府与平台企业之间的数据共享模式,打破政府部门与平台企业之间的数据壁垒,有效整合各方主体的治理资源。一方面,平台应主动将涉及公共利益的数据资源与政府部门对接,提高政府部门及时预判、司法机关精准介入的监管能力;另一方面,政府也应当及时将必要的预备监管事项、市场运行情况、舆情监测数据等信息反馈给平台企业,方便企业及时发现平台运行风险,推动形成及时响应、协同治理的平台监管模式。

二是强化平台在网络拍卖合规运行中的"守门人责任"。在线拍卖的实践创新仍处于快速发展阶段,在对此类新业态新模式的监管中必须兼顾创新行为的保护与当事人利益的保护。因此,当前在线拍卖市场的监管必须遵循政府与平台多元共治的监管思路。司法部门可借鉴"规则供给型"的司法政策,对在线拍卖的合规责任进行合理配置,将实现在线拍卖规范化的"守门人责任"赋予相关平台,倒逼平台完善自我监管机制,创新对在线交易行为的监督规则。政府对于平台泄露用户隐私或利用用户数据获取非法盈利等的行为,必须予以严厉制止。

综上所述,在中国在线拍卖市场从无到有、从小到大的发展壮大过程中,在线拍卖平台作为重要的市场组织者与机制设计者发挥了非常重要的作用。本章详细介绍了中国在线拍卖平台的发展历程、主要类型与运行模式,清晰地勾勒出当前中国在线拍卖市场的竞争格局,探索性地提出在线拍卖市场未来的发展趋势,并进一步通过与以美国为代表的发达国家在线拍卖市场的横向比较,全面总结当前国内在线拍卖平台创新发展中存在的主要问题。面对日益激烈的平台竞争与迅速迭代的技术创新,平台企业只有加快完善平台治理体系、创新平台机制设计,才能有效提高平台的资源配置能力,在多方共赢中实现自身的可持续发展。

第七章
路在何方：平台经济的演化方向与发展策略

随着数字经济与数字技术的深化发展，平台经济在我国发展全局中的地位不断提升，并得到政府与各界的高度重视与广泛关注。2024年我国政府工作报告中明确指出，支持平台企业在促进创新、增加就业、国际竞争中大显身手。[①]2023年7月，中共中央政治局常委、国务院总理李强在平台企业座谈会上指出，在全面建设社会主义现代化国家新征程上，平台经济大有可为。平台经济要在赋能实体经济、带动中小企业创新、提升国际竞争力等方面做出新贡献。[②]平台经济的有序和健康发展，是我国未来经济高质量发展的重要助力，这就需要根据我国数字经济的整体发展方向，以及平台经济自身的主要特点与演进，设定具有针对性的发展策略，以进一步展现平台经济的优势，使其功能与作用得到更为充分的发挥，并有效避免与化解其高速发展过程中产生的一系列问题。

一、我国平台经济的发展特点

在技术、市场、政策等多方面因素的共同推动下，我国平台经济的发展正进入规模、质量快速提升的新阶段，其发展显现出服务群体、服务结构、服务模式等一系列新的发展特点。这些特点更为明显地反映在消费型平台的发展进程中。

（一）数字消费群体规模与结构呈现新的发展势头

随着我国互联网普及率的不断提升，互联网使用者数量的快速提升不断带动扩大数字消费群体的规模。截至2023年6月，我国网民规模达10.79亿人，较2022年12月增长1 109万人，互联网普及率达76.4%。即

[①] 中华人民共和国中央人民政府.政府工作报告——2024年3月5日在第十四届全国人民代表大会第二次会议上[R/OL].[2024-03-12]. https://www.gov.cn/yaowen/liebiao/202403/content_6939153.htm.
[②] 李强主持召开平台企业座谈会[N].光明日报,2023-07-13(03).

时通信、网络视频、短视频用户规模稳居前三,分别达10.47亿人、10.44亿人和10.26亿人,用户使用率分别为97.1%、96.8%和95.2%。[①]在这一趋势下,数字消费用户的需求不断攀升,其内部构成也逐渐发生新的变化。一方面,以中青年为主体的数字消费用户群体向老年群体扩展,另一方面,数字消费群体的地域构成也逐渐向中、西部地区延伸。如截至2022年12月,60岁以上老年群体对网络支付的使用率达70.7%。60岁及以上网民占比超过了20—29岁年龄段,与10—19岁年龄段占比持平。"银发经济"与数字平台的结合推动了老年数字消费的规模与重要性同步上升,并为数字消费与数字平台的发展提供重要的扩展空间。数字消费向中、西部区域的延伸则有助于打破经济领域空间上的"数字鸿沟",带动相关区域的经济发展。数字消费的空间扩展同时有助于形成渗透性更高的消费市场,有效响应欠发达地区的消费需求,为乡村区域的电商发展提供新的机遇,促进城乡消费的均衡发展。

(二)消费范围与内容更趋复杂与多样

数字平台的深化与拓展,使民众的消费内容与范围产生重大变化,由此带来线上市场结构的日益深化与内涵变化。随着线上平台业务的延伸与竞争,平台提供的线上产品品类与范围不断扩展,由过往以"轻、薄、小"为特征的生活类消费品与服务,向具有更高价值、更为多元的商务、耐用、时尚等多类型消费品拓展。民众对于商品的个性化需求,也促使数字零售平台逐渐超越依靠大批量、标准化产品的单一销售模式,逐渐转向满足多类型消费者个性消费需求的"定制化"产品营销模式,进而形成多元、细分的线上消费市场。基于国内多样化消费群体的需求,多类型、个性化消费场景在数字平台上逐渐对传统消费模式形成重要补充,进而推动我国零售范围的拓展与零售模式的创新。大数据技术的发展以及社交平台零售功能的拓展,则进一步提高了数字平台对消费者、销售者与生产者的交流与沟通作用,三者之间的有效互动,使线上零售的高质量服务属性逐渐凸显,进而促进产业链多环节的优化与创新。数字平台的迭代与线上消费多元化、个性化趋势的发展,也逐渐塑造出我国消费群体的新消费模式。对于个性化、适用性、本土化特

---

① 中华人民共和国中央人民政府.我国互联网普及率达76.4%[R/OL].[2023-08-28].https://www.gov.cn/yaowen/liebiao/202308/content_6900600.htm.

点的消费内容与产品的接纳度的提升,有助于我国民众消费模式超越单一的品牌依赖特性,形成更多样、更理性、更品质化的新消费模式。

(三)线上线下双向互动进入新阶段

随着大数据、云计算、人工智能等技术的快速发展,数字平台的经济不断创新服务模式,为线上线下业务融合提供了强大的技术与商业模式支撑。通过精准的数据分析和用户画像,平台能够更准确地把握消费者需求,为线下商家提供定制化的推广方案,提升营销效果。智能客服、无人配送等技术的应用也进一步提高了线上服务的效率和用户体验。数字平台经济促进新商业模式的形成,为线上线下融合注入了新的活力。一方面,平台通过线上线下一体化的服务模式,为消费者提供更加便捷、高效的购物体验。通过线上预约、线下体验的方式,消费者可以在享受线上优惠的同时,感受线下的优质服务。另一方面,平台通过跨界合作、产业链整合等方式,进一步拓展线上线下融合的业务范围,实现资源共享和互利共赢。如2023年,阿里盒马线下门店已超300家。2023财年,盒马整体商品交易总额(GMV)超过550亿元。同期经营一年以上的盒马鲜生自营门店中,有超过90%实现了正现金流。数字平台的快速发展还推动了在线医疗、在线教育、远程商务办公等线下服务行业与线上业务的深度结合。截至2023年3月,在阿里健康平台签约提供在线健康咨询服务的执业医师、执业药师和营养师合计近20万人,是2020年前的约5倍,日均在线问诊服务量超过40万次,服务用户近3亿人次。

二、我国平台经济发展的主要优势

从发展特点上看,我国平台经济的快速增长与质量跃升,体现出这一新兴经济形态具备的一些独特优势。在驱动力方面,技术创新已成为平台经济发展的重要支撑。我国快速发展的新一代信息技术为数字平台经济的发展提供了技术驱动力,金融领域的创新则为平台经济提供了重要的流动支撑。同时,我国的超大规模市场优势为数字平台的发展提供了重要的需求侧支持,多层次的政策引导则为数字平台提供重要的制度保障。

（一）技术创新的驱动作用

新一代通信、物流等技术在我国的大规模应用，对于平台经济的发展形成了重要的推动作用。随着大数据、云计算、人工智能等技术的深入应用，我国数字平台经济中已催生了众多创新的商业模式。例如，基于大数据分析的个性化推荐系统，能够根据用户的消费习惯、兴趣偏好等信息，为用户提供精准的商品或服务推荐，从而提升用户黏性和购买转化率。同时，我国5G、云计算技术的快速发展与数字基础设施的高水平建设使得数字平台能够处理海量数据，支撑起大规模的在线交易和服务。2022年，我国5G基站数量已达225万个，建成全球规模最大的5G独立组网网络，千兆光网具备覆盖超过5亿户家庭的能力。我国已建成全球最大的移动物联网络，2022年8月我国移动物联网连接数达16.98亿户，首次超过移动电话用户数16.78亿户，我国成为全球主要经济体中首个实现"物超人"的国家，在连接规模上远远高于美国、日本、韩国、德国等主要发达国家。

新技术的应用在数字平台经济中发挥了提升服务效率与质量的关键作用。例如，通过引入人工智能和机器学习技术，数字平台可以实现自动化客服、智能问答等功能，为用户提供24小时不间断的服务支持。此外，物联网技术的应用也使得数字平台能够实现对商品或服务的实时监控和管理，确保服务质量和用户体验。新技术推动了线上线下融合，成为实现二者融合的重要手段。通过移动支付、O2O等技术，数字平台能够将线上流量有效引导至线下实体店，实现线上线下资源的互补和共享。同时，通过虚拟现实（VR）、增强现实（AR）等技术，数字平台还能为消费者提供沉浸式的购物体验，进一步提升线上线下融合的深度和广度。数字技术的广泛应用还促进了我国平台经济的供应链管理优化，利用区块链技术，供应链信息的透明度和可信度得以保障，并有效降低欺诈和风险。通过物联网技术，相关平台得以实时监控货物的运输和储存状态，提高了物流效率。人工智能技术的应用则有助于平台企业预测市场需求、优化库存管理等，从而提升我国平台供应链的整体效率和竞争力。

（二）金融创新的流动性支撑作用

金融创新与金融科技（Fin-tech）的快速发展，为我国平台经济提供重要的流动性支撑。金融创新与数字平台相结合，为消费者提供了更为丰富和多元化的金融产品和服务,促进了数字消费的发展。各类互联网消费金融产品、虚拟货币、数字资产等创新产品和服务的不断涌现,不仅满足了消费者多样化的需求,还为消费者提供了更加便捷和灵活的支付、储值、投资等方式。2023年,全国银行共办理非现金支付业务5 425.89亿笔,金额5 251.30万亿元,同比分别增长17.28%和9.27%。金融科技的发展优化了消费者信用评估和风险管理。通过大数据、人工智能等技术的应用,金融创新实现了对消费者信用状况的更精准评估。数字平台能够收集并分析消费者的消费行为、社交关系、资产状况等多维度数据,形成更为全面和准确的信用画像,有助于金融机构更好地识别风险,为消费者提供个性化的信用服务,同时也提高了数字消费的安全性和可靠性。数字支付方式的普及和创新提高了平台的消费效率。金融创新在数字支付领域取得了显著成果,推动了数字支付方式的普及和创新。例如,移动支付、二维码支付、跨境支付等新型支付方式在我国的普及,使得消费者能够随时随地完成支付操作,提升了消费便利性。同时数字支付领域的创新也降低了交易成本,提高了支付效率,进一步促进了数字消费的发展。金融创新还促进了线上线下消费的融合,为消费者提供了更加无缝的消费体验。通过数字平台的金融体系,消费者可以方便地浏览、比较和购买线上商品和服务,同时也可以在线下实体店享受优惠、积分等权益。

(三)超大市场规模与多样化需求

我国超大规模消费市场与多样化的需求成长对于数字平台的发展产生重要的牵引作用。2023年,我国网上零售额15.42万亿元,增长11%,连续11年成为全球第一大网络零售市场。市场需求的升级与变化进一步驱动了数字平台的创新与发展,成为促进数字平台自我迭代的外生动力。我国消费者需求的不断升级和多样化,促使数字平台不断创新以满足这些需求。例如,消费者对便捷、高效的购物体验的需求推动了电商平台的发展,对个性化、定制化的服务的需求则促进了定制化平台的兴起。数字平台通过不断创新,不仅满足了市场需求,也提升了自身的竞争力,进而形成了市场与平台之间的良性互动。市场需求的变化直接推动了数字平台经济的规模扩张。随着消费者对数字产品和服务的需求不断增加,数字平台的交易量也随之增长。这种规模扩张不仅为数字平台带来了更多的商业机会和利润,也促进了整个数字平台经济的繁荣。此外,市场需求的变化引导数字平台经济进行结构调整和优化。随着消费者需求的变化和新兴市场的出现,数字平台需要不断调整自身的业务模式和经营策略,以适应市场变化。这种调整和优化有助于数字平台更好地满足市场需求,提升市场竞争力,也促进了数字平台经济的健康发展。

市场需求的多样性和跨界性还推动了数字平台的跨界融合与协同发展。为了满足市场与消费者的多元需求,数字平台与相关产业进行深度融合和协同工作。例如,电商平台与物流、金融等产业的融合,为用户提供了更加便捷、全面的服务;在线教育平台与出版、媒体等产业的合作,则丰富了教学内容和形式。这种跨界融合与协同发展不仅拓宽了数字平台的业务范围,也提升了整个产业链的效率和竞争力。对国际市场需求的响应则促进了数字平台的国际化发展。消费者需求的国际化与跨境贸易手段的提升,则推动了数字平台的跨国互动能力。我国数字平台通过海外市场拓展、推进国际合作等方式,不断实现业务的全球化布局。这不仅为相关平台带来了更广阔的市场空间和商业机会,也日益提升了其自身在全球市场的地位和影响力。

(四) 多层次政策支持与引导

政策的支持引导是我国平台经济的重要制度优势。2019年,国务院发布了《国务院办公厅关于促进平台经济规范健康发展的指导意见》,聚焦平台经济发展面临的突出问题,对平台经济的政策引导、支持和保证提出了市场准入、创新监管、鼓励新业态、优化发展环境、保护参与者合法权益等多方面政策举措。"十四五"期间,我国各层级政府通过制定一系列政策法规,为数字平台经济的发展提供了稳定、透明的政策环境和法律保障。这些政策明确了数字平台经济发展的方向和目标,规范了市场主体的行为,保护了消费者的权益,为数字平台经济的健康发展提供了有力支撑。相关政策对于鼓励和支持数字平台经济领域的技术创新和产业升级也起到重要推动作用。多层次的科技创新基金对于数字平台企业加大研发投入,推动数字技术的突破产生了重要的促进作用。各地区针对性的产学研合作及促进科技成果转化应用的政策与举措,则有助于提升数字平台的技术水平和竞争力,推动数字平台经济向更高层次发展。

政府的多类型政策引导和调控,优化了数字平台经济的资源配置能力,提升了经济运行效率。相关政策有效推动了数字平台与传统产业的深度融合,促进资源要素在产业间的自由流动和优化配置,同时促进了数字基础设施的建设,提升了数字平台的信息处理能力和服务效率。相关措施有助于提升数字平台经济的整体效能,推动平台经济的高质量发展。加强监管与防范风险。在推动数字平台经济发展的同时,政府也注重加强监管和防范风险。2019年起,我国在平台监管领域密集出台相关法规政策,已初步建立起对平台进行常态化监管的制度框架,搭建起以《网络安全法》《数据安全法》《个人信息保护法》《电子商务法》《反垄断法》等法律为中心,以多部行政法规和部门规章为支撑的平台监管法律体系。2021年2月,国务院反垄断委员会发布《平台经济领域反垄断指南》,这是全球大国中首个专门就平台垄断问题发布的重要文件,通过建立健全监管机制,有效规范了数字平台企业的运营行为,防止市场垄断和不正当竞争,同时,强化了数据安全和个人信息保护,确保数字平台经济的健康发展与用户权益、社会利益相统一。

三、平台经济的发展与演化方向

技术、市场与制度环境的发展,促使我国平台经济的发展日益深化,平台主体业务覆盖范围不断拓展,经营模式不断迭代,企业与用户的互动模式也更趋复杂多样。在规模与质量不断成长的过程中,我国平台经济也显现出若干新的发展趋势与演进方向。在技术上,数字技术与平台之间形成深度迭代互动,在平台自身的结构上,则显现出生态化与服务化的特点。平台的服务化特点更为突出,监管与安全机制更为完善。从平台的影响范围上看,国际化成为平台经济影响力外溢的重要表现。

(一)技术创新与平台迭代深度互动

人工智能、大数据、云计算、物联网等技术的深入发展,使平台经济进一步实现技术创新与平台功能提升的深度融合。平台将利用这些先进技术,实现更高效的数据处理、更精准的用户画像以及更优质的服务体验。2020年至2022年,我国市值排名前十位的平台企业累计研发投入超5 000亿元,年均增速达15%,已成为我国技术创新领域的重要力量。同时,数字平台也进一步与实体经济深度融合,推动传统产业转型升级,提升产业效率和竞争力。数字新基建的范围扩展与技术水平提升有助于推进数字平台依托的基础设施和服务保障能力提升,并降低数字的"接入鸿沟"。通过大数据、云计算等技术的应用与融合，数字平台能够处理更大量的数据，提供更精准的服务，进而推动其经济规模的高速增长。新技术将使得数字平台在效率、精准度和用户体验等方面实现大幅提升，从而吸引更多的用户和企业加入，形成更庞大的数字平台经济生态。新技术的应用与融合将推动数字平台在业务模式上进行深度创新。例如基于云计算的 SaaS 产品，通过云端部署和按需付费的方式，为中小企业提供了更灵活、更低成本的信息化解决方案。这种业务模式创新不仅降低了中小企业的信息化门槛，也扩大了数字平台的服务范围和市场空间。同时，数字技术的迭代使数字平台与实体经济的融合更加紧密。数字平台可以借助物联网等新一代信息技术，对实体产业的资源、能力和需求进行高效对接，推动实体经济的数字化转型和智能化升级。

同时，在对外影响力方面，新技术创新融合还有助于进一步提升我国数字平台的国际竞争力。跨境电商平台通过利用大数据、人工智能等技术迭代，有助于实现对全球市场的精准分析和用户需求的精准把握。同时，通过境外物流配送和支付结算等环节的技术创新，可提升海外用户体验和购物便利性。技术创新和服务优化能够使得我国跨境电商平台在全球范围内具备较强的竞争力，扩大国际用户和合作企业规模，并在全球范围内提供更优质的服务。新技术的应用也将有助于提升数字平台的安全保障能力。通过利用新一代区块链技术，数字平台可以实现更安全的数据存储和传输；通过人工智能技术的运用，数字平台可以实现更精准的风险识别和防范。新技术的应用有助于数字平台在面对各种安全威胁时更有应对能力，有效保障用户数据和信息安全。

（二）平台的生态化与服务化

从体系角度上看，未来我国数字平台更趋注重构建良好的生态系统，通过整合产业链上下游资源，形成多主体共赢的发展模式。平台的作用将不仅仅是交易载体，更是提供高质量的信息、金融、物流等多类型、多领域全方位综合性系统。平台功能的生态化有助于构建产业协同发展的生态系统。在这一生态系统中，多类型产业、企业能够相互连接、相互支持，形成紧密的合作关系。这种协同作用不仅可以促进资源共享、优势互补，还可以提升整个生态系统的稳定性、创新能力和竞争力。

同时，平台通过提供全方位的服务，有助满足产业链上下游各方的需求,促进产业间的深度融合,实现生态共赢。平台的生态化与服务化,还有助于提供更为多元化、个性化的服务,以满足用户多样化的需求。通过整合内外部资源,平台得以更高效地为用户提供一站式、全方位的服务体验,包括信息获取、交易撮合、物流配送、售后服务等。多样化的平台服务也能够在更高层次上提升便捷性和用户的满意度,并增强用户对平台的黏性和忠诚度,实现业务的可持续发展。

(三)平台服务更趋个性化与定制化

随着消费者对个性化、定制化服务的需求日益增加,我国平台企业更为注重提供个性化、差异化的服务。平台运用大数据、人工智能等技术,能够精准把握用户需求,提供定制化的产品和服务,提升用户体验和满意度。个性化服务能够精准把握用户的偏好,为用户提供定制化的产品和服务。在购物推荐、内容推送还有旅游规划等领域,平台的个性化服务都能根据用户的个人喜好和历史行为,为其提供符合其具体需求的精确信息和选择。这种精准匹配不仅提高了用户的满意度,还增加了用户与平台的互动频率。平台的多样化服务在满足用户在不同场景、不同需求下的多元化需求的同时,还有助于促进消费升级与市场扩展。数字平台通过提供在线教育、在线医疗、智能家居等具备个性化属性的服务,不断开拓新的市场领域,吸引更多的用户进入细分市场。这种市场领域与用户群的扩展,不仅促进了数字平台经济的快速发展,还连带推动了相关产业的升级和转型,为经济增长注入新的动力。

平台服务的个性化与定制化有助于推动商业模式与技术创新。为了满足用户个性化和多样化的需求,数字平台需要强化技术的应用与商业模式创新。例如,平台利用大数据和人工智能技术更精准地分析用户需求和行为,优化产品和服务,还需要探索新的业务模式和服务方式,以适应用户需求的不断变化。这种创新不仅提升了平台的竞争力,也推动了整个数字经济的创新发展。个性化和多样化服务使得数字平台能够更精准地匹配用户需求,减少了资源的冗余和浪费,进而提升资源配置能力与行业效率。通过数据分析和智能决策,平台可以更高效地调配资源,提升整个行业的运行效率。这种优化资源配置的效果不仅有利于数字平台自身的发展,也有助于推动社会经济进步。

（四）市场范围更趋国际化

随着我国双循环新发展格局的不断推进，数字平台经济的发展也迎来进一步国际化的新发展机遇。在国内市场竞争日趋激烈的情况下，诸多平台积极拓展海外市场作为新的增长空间，进而成为促进我国数字经济国际影响力和竞争力的重要主体。国际化战略有助于极大拓宽我国数字平台的市场边界，使相关企业与平台服务更广泛的用户群体，进而有效开拓海外市场，获取更多用户流量与业务机会，实现更为多元化的市场扩张和增长。如阿里巴巴的速卖通，通过搭建全球性的电商交易平台，有效联结了中国供应商与全球买家。速卖通通过多语言支持、本地化运营、跨境支付和物流等解决方案，为国内外商家提供一站式跨境电商服务，不仅帮助中国商品走向全球市场，也吸引了大量海外买家，实现了市场的快速扩张。

近年来跨境电商平台的快速崛起是我国数字平台国际化发展的重要体现。2023年，我国跨境电商进出口总额2.38万亿元，增幅为15.6%。其中，出口1.83万亿元，增长19.6%；进口5483亿元，增长3.9%。[①]我国跨境电商依托高效、有韧性的供应链体系，通过优化小批量生产、快速交货等模式，满足了国际市场对个性化、快速响应的需求，实现跨境业务的快速增长。同时，跨境平台在发展过程中逐渐形成了对全球市场的深度开发与本地化策略。平台根据不同国家和地区的市场需求、文化习惯等因素，实施了深度本地化的开发策略，通过组建本地运营团队，提供符合当地市场需求的产品和服务，实现在全球市场的精准拓展。这一趋势反映出，未来我国数字平台的国际化发展将呈现出全球化与本地化相结合的特点，在业务与机构全球布局的同时，注重本地市场的深度开发和运营，以满足不同地区的用户需求。从动力上看，技术创新是推动数字平台国际化的重要动力。通过不断引入新技术、优化算法、提升平台技术性能等，我国数字平台在国际市场的竞争力将进一步加大。同时，通过技术提升，确保数据安全与隐私保护，将成为数字平台国际化发展的重要支撑因素。平台需要加强数据安全管理，切实保障用户信息和隐私的安全，以赢得国际用户的信任和支持。

从外部效应看，国际化策略也是我国数字平台进一步提升自身品牌建设水平和影响力的重要途径。通过参与国际市场竞争和合作，数字平台得

---

① 杜海涛.跨境电商出口增长19.6%[N].人民日报，2024-01-22(2).

以在更高层次上树立起自身的品牌形象和口碑,提升其全球范围内的知名度和影响力。这不仅有助于吸引更多的国际用户和合作伙伴,也为我国数字平台在国际舞台上争取到更多的话语权和合作机会。如抖音(TikTok)在全球范围内迅速走红,通过独特的算法和用户体验设计,吸引了大量海外用户,成为全球范围内极受欢迎的短视频平台之一。境外业务的拓展不仅提升了抖音的品牌知名度和影响力,也使其成为中国数字平台在国际市场上的重要形象代表。

(五)监管与安全保障更趋完备

在平台经济快速发展的同时,监管和安全问题也日益凸显。为解决上述问题,我国当前已初步形成全过程、全主体与全维度的数据保护规范体系,建立了数据全生命周期的合规体系与全责任主体体系。未来我国将进一步加强数字平台领域的监管力度,完善相关法律法规体系,形成前后端并重的治理思路,促进平台在前端数据收集、数据共享等方面以及平台内部的数据治理制度、后端数据安全能力等方面的合规发展,切实保障用户权益和数据安全。同时,平台也将更加注重自身安全体系的建设,提升风险防范和应对能力。从市场角度看,强化监管有助于规范数字平台经济的市场秩序,限制无序扩张和失序竞争,确保市场的公平竞争与健康发展。通过建立健全监管体系,制定明确的规则和标准,对数字平台的经济活动进行有效监督和约束,防止出现市场乱象和过度竞争。这有利于维护市场的稳定,保护消费者权益,促进数字平台经济的健康发展。

强化监管从制度层面上要求数字平台加强对用户数据的保护和管理,确保数据安全和隐私保护。通过建立完善的数据安全管理制度和技术手段,有助于数字平台有效防止数据泄露、滥用和非法获取等风险,保障用户个人信息的安全。也有助于提升用户对数字平台的信任度,增强数字平台的市场竞争力。当然,强化监管并不意味着限制技术创新,相反,它有助于推动数字平台在合规的前提下进行技术创新。在监管的引导下,数字平台将更加注重技术创新与业务模式的合规性,积极探索既符合监管要求又能够提升用户体验和服务质量的新技术、新业务。这将有助于数字平台经济在技术创新和合规发展之间找到平衡点,实现可持续发展。

从行业发展角度看,监管与安全保障的强化最终有助于构建更为良好的数字生态环境。通过加强监管,可以消除平台经济发展过程中的不良现象和违法行为,净化市场环境。同时,安全保障的加强可以提升数字平台的整体稳定性和可靠性,为用户提供更加可靠、便捷的服务。这将有助于吸引更多用户和企业参与数字平台经济,推动整个行业的繁荣发展。

四、促进平台经济发展的主要策略

面向未来,我国的平台经济发展,需要从规模型扩张向高质量发展跃升,这就需要明确平台经济发展的策略体系。在总体策略上,需要建构起涵盖用户导向、营销模式、品牌塑造、技术创新、人才培养等多领域的综合推进策略,以在中长阶段保持平台经济的良性发展。而在具体领域,应针对电商零售平台、社交零售平台、实体线上平台、在线拍卖平台等重点平台领域建构具有针对性的推进策略,以实现重点领域的率先突破,促进平台经济的有序健康发展。

(一)总体策略

面对数字经济快速发展的新机遇与技术迭代的重要条件,我国平台经济未来健康发展应注重形成多领域互动的主要推进策略,从消费者、营销模式、供应链管理、品牌建设、技术创新、人才培养等关键领域入手,构建起平台经济行稳致远的体系化推进机制。这些策略的实施,一方面需要平台企业的前瞻性战略眼光和创新精神,不断提高适应市场变化的能力,构建起紧密的产业生态圈;另一方面需要各级政府的积极引导与扶持,形成具有包容性的市场环境,促进平台行业的良性发展。

其一,强化消费者中心导向,全面优化用户体验。消费者的有效需求是平台经济发展的基础。我国各类平台应借助大数据、人工智能等技术手段,对消费者需求进行有效的深度挖掘和分析,通过信息的高效率处理及与消费者的精准互动,全面优化营销与个性化服务的应用场景,并为产品和服务优化提供数据支持。同时,平台应建立消费者反馈机制,及时收集和处理用户意见,持续改进产品和服务,根据消费者需求,对产品进行迭代升级,提升产品质量和性能;优化服务流程,提高服务效率和服务质量,确保消费者在使用过程中获得良好的体验;利用人工智能和机器学习技术,根据消费者需求进行个性化推荐,通过精准推送,减少消费者的搜索和筛选成本,提高服务效率和满意度。

其二，创新优化营销模式，畅通销售渠道。各类型平台应根据自身特点创新优化营销模式，促进销售渠道的良性发展。如社交电商模式应借助社交媒体平台，将社交与购物相结合，打造社交电商新模式。在营销模式的优化方面，平台应注重通过社交媒体平台的传播效应，扩大品牌知名度和影响力。同时，利用社交媒体平台的互动功能，平台可以与消费者建立更紧密的联系，通过社交媒体平台的分享功能，实现商品的裂变式传播和销售。直播带货模式应借助直播平台，创新运用直播的形式展示商品的特点和使用效果，提高消费者的购买意愿，优化直播互动环节，增强消费者的参与感和归属感。线上线下融合模式应注重促进线上购物与线下体验的进一步结合，打造线上线下融合的新零售模式，通过线下实体店展示商品实物和提供体验服务，增强消费者对商品的感知和信任度，利用线上平台提供便捷的购物渠道和个性化的服务体验，实现线上线下数据的互通和共享，为优化营销体验提供数据支持。

其三，加强供应链管理，优化物流结构。平台方应注重强化与供应商的合作，与优质供应商建立长期稳定的合作关系，确保商品质量与供应的稳定性。通过签订长期合同、商定合理的采购价格和支付方式等，有效降低采购成本风险。同时，平台应注重以平台数据及销售反馈信息，联合供应商共同开发新产品和推动销售，提高市场竞争力；应推行先进库存管理技术和方法，实现库存的精细化管理和优化，通过建立科学的库存预警机制和补货策略，进一步优化库存管理效率，利用大数据技术对库存数据进行实时分析和预测，为库存管理提供决策支持；采用先进的仓储设备和物流技术，提高库存周转率和物流配送效率。

其四，强化品牌建设，提升平台品牌影响力。平台企业应进一步明确品牌定位，根据目标市场的需求和竞争状况，明确品牌的定位和发展方向。平台应注重结合凭借企业自身的优势和资源，确定品牌的差异化竞争策略和发展目标；加强品牌传播，运用多元的传播手段和渠道，加强平台品牌的宣传和推广；着力提升品牌服务质量，塑造品牌长期影响力。通过多类型广告投放、公关活动、内容营销等手段提高品牌的知名度和美誉度，充分利用社交媒体等新媒体平台与消费者进行品牌互动和交流；注重构建品牌口碑传播机制，积极引导消费者之间的口碑传播。

其五，推进技术创新应用与人才培养。技术创新是推动平台经济持续发展的重要动力，政府应鼓励与支持平台企业加大技术研发投入力度，应用新一代数字技术与数字化设备,提升企业技术创新水平与应用能力。在研发方面,政府须促进主要平台企业提升研发团队水平和技术创新机制,与高校和科研机构合作开展基于平台迭代的技术研发项目。在技术应用的同时,应注重培养高素质人才,充分认知人才作为平台企业发展核心资源的价值。平台企业应重视人才团队的培养,建立完善的人才培养体系,制定科学合理的人才选拔和激励机制,吸引与留住国际化的优秀人才团队,为企业的国际竞争提供高水平人力资源。

(二)电商零售平台发展策略

电商零售平台已经成为平台经济增长的重要领域,综合型、垂直型、本地生活型等多类型电商零售平台在面对新的市场竞争时,需探索类型化发展策略,以适应市场的快速变化,寻求持续发展。

1. 综合型电商平台:强化生态圈建设,提升用户体验

综合型电商平台以其丰富的商品种类和广泛的用户基础,在电商市场中占据重要地位。未来,综合型电商平台需更加注重生态圈建设,通过整合产业链上下游资源,为用户提供更加便捷、高效的购物体验。

首先,平台将加强与供应商的合作,优化供应链管理,确保商品质量和供应稳定性。同时,平台将利用大数据和人工智能技术,精准分析用户需求,实现个性化推荐和定制化服务,提升用户购物体验。

其次,平台将拓展业务领域,构建多元化生态圈。例如,通过布局金融、物流、售后等领域,为用户提供一站式购物服务。此外,平台还将加强与其他产业的合作,探索跨界融合,实现资源共享和优势互补。

最后,平台将注重用户体验的提升,通过优化界面设计、提升客服质量、加强安全保障等措施,打造更加舒适、安全的购物环境。同时,平台将积极开展用户调研,收集用户反馈,不断优化服务流程,提升用户满意度。

2. 垂直型电商平台:深耕细分领域,打造专业品牌

垂直型电商平台专注于某一特定领域或品类,为用户提供专业化的购物体验。未来,垂直型电商平台将更加注重深耕细分领域,打造专业品牌,以在激烈的市场竞争中脱颖而出。

首先,平台将深入挖掘用户需求,了解行业趋势,为用户提供更加精准、

专业的商品推荐和服务。同时，平台应加强与行业内的权威机构、专家合作，提升平台的专业性和权威性。如美妆电商平台可以通过与化妆师合作，为用户提供专业的化妆指导和产品推荐。母婴电商平台可以与育儿专家合作，为用户提供科学的育儿知识和产品推荐。

其次，平台应注重品牌建设，通过独特的品牌形象、优质的商品和服务，塑造独特的品牌价值。同时，平台应积极开展营销推广活动，提升品牌知名度和影响力。垂直型电商平台如聚美优品、唯品会等已取得不错的发展成绩。根据公开数据，这些平台通过提供专业的美妆产品和个性化的购物体验，吸引了大量年轻女性用户。

最后，平台应加强与供应链的深度合作，确保商品质量和供应稳定性。通过优化采购渠道、提升库存管理效率等措施，降低运营成本，提升盈利能力。

3. 本地生活型电商平台：聚焦本地化服务，实现线上线下融合

本地生活型电商平台致力于为用户提供本地化的生活服务，如餐饮、娱乐、旅游等。未来此类平台应更加注重实现线上线下融合，为用户提供更加便捷、高效的服务体验。

首先，平台应加强与本地商户的合作，整合本地资源，为用户提供丰富的本地化服务。同时，平台将利用大数据和人工智能技术，分析用户行为和需求，实现精准营销和个性化服务。

其次，平台应注重线上线下的融合，通过优化线上界面设计、提升线下服务质量等措施，打造线上线下无缝衔接的服务体验。同时，应积极探索新的商业模式，如O2O、新零售等，实现线上线下资源的共享和互补。

最后，平台应注重用户体验的提升。通过优化服务流程、提升服务质量、加强安全保障等措施，打造舒适、便捷的购物环境。同时，平台将积极开展用户反馈收集和处理工作，及时解决用户问题，提升用户满意度。

(三) 社交零售平台发展策略

随着社交平台网络的广泛应用与功能延伸，社交零售平台逐渐崭露头角，成为平台经济一股不可忽视的力量。与传统零售模式相比，社交零售平台展现出社交影响零售、传播途径去中心化、销售渠道多元化、零售品牌新潮化等重要特点，为平台、企业和消费者带来了全新的价值和体验。然而，

社交零售平台的发展也面临着诸多困境。社交零售平台在未来发展中应注重深耕存量用户、强化供应和运营能力、拓展多元化运营、垂直细分商品、布局社群营销网络以及丰富社交营销场景等策略的实施，通过不断优化自身能力和提升竞争力来实现可持续发展，并满足消费者日益多样化的需求。展望未来，随着技术的不断进步和市场的不断变化，社交零售平台将迎来广阔的发展空间和机遇挑战并存的局面。因此平台需要保持敏锐的市场洞察力和创新能力，不断适应市场变化，抓住机遇，实现更大的发展突破。

1. 深耕存量用户，提升用户价值

随着市场竞争的加剧，获取新用户的成本不断上升，因此，社交零售平台应更加注重存量用户的深耕。通过积极拓展粉丝交流群挖掘品牌价值，平台应注重增强用户黏性，提高用户复购率，从而实现用户价值的最大化。具体来说，平台可以通过建立会员制度、提供个性化服务、定期推送优惠信息等方式，增强与用户的互动和联系。同时，借助大数据分析技术，深入了解用户的消费习惯和喜好，为用户提供更加精准的购物推荐和个性化服务。

2. 强化供应和运营能力，优化商品和服务

社交零售平台的核心竞争力在于商品和服务的品质，因此，平台应加强与供应商的合作，严格把控商品质量，确保所售商品符合国家标准和消费者需求。同时，平台还应提升运营能力，优化物流配送、售后服务等环节，为消费者提供更加便捷、高效的购物体验。此外，平台还应积极引入新技术和新模式，如 C2B、S2B2C 等柔性模式，以及智能仓储、无人配送等物流技术，降低运营成本，提高运营效率，通过不断优化商品和服务，吸引更多消费者，提升市场竞争力。

3. 拓展多元化运营，提升差异化业态融合

在激烈的市场竞争中，单一的运营模式已经难以满足消费者的多样化需求，因此，社交零售平台应积极拓展多元化运营，提升差异化业态融合。具体来说，平台可以加强与大数据管理平台、文化传媒公司等的合作，引入更多元化的商品和服务。同时，针对不同用户群体，采取差异化的营销策略，如拼单、团购、会员制社交等，激发用户的消费热情。此外，平台还应积极探索线下实体店的建设和运营，为消费者提供线上线下的无缝购物体验。

通过线上线下融合，平台可以更好地满足消费者的需求，提升品牌影响力和市场竞争力。

4. 垂直细分商品，布局社群营销网络

随着消费者需求的日益多样化，垂直细分商品成为社交零售平台的重要发展方向。平台应选择某一垂直领域的商品进行细分，如母婴、生鲜、家电等，结合消费者的实际需求，提供精准的商品推荐和服务，同时，通过构建自己的推客、拓客体系，撬动熟人关系网络，实现裂变式传播和营销。在社群营销方面，平台应积极布局线上线下社群，如微信群、QQ群、线下社区群等，为消费者提供交流互动的平台，通过举办线上线下活动、分享购物心得等方式，增强社群凝聚力，提升品牌知名度和美誉度。同时，借助社群营销网络，平台可以更加精准地触及目标消费者，提高营销效果。

5. 丰富社交营销场景，投放创新性内容

在社交零售时代，内容营销成为吸引消费者的重要手段，因此，社交零售平台应重视碎片化、宽场景、多趣味的内容营销投放模式。具体来说，平台可以积极创作时尚买手短视频、网红博主直播带货等创新性内容，吸引消费者的注意力。同时，结合热点话题和节日活动等因素进行营销活动策划和执行也是提升平台知名度和用户黏性的有效途径。此外，平台还应加强与主流媒体的合作与联动效应，以实现更广泛的品牌传播和影响力提升，通过与主流媒体合作举办线上线下活动，或者进行联合营销推广等方式，来扩大平台的知名度和影响力。

（四）实体线上平台发展策略

实体线上平台作为连接实体和网络平台的桥梁，其发展策略的优化尤为关键。实体线上平台需要关注中台数字能力、融入数字产业链、以数字赋能商业模式创新。

1. 加强中台数字能力建设，全方位实现数字增效

中台作为实体线上平台的核心部分，其数字能力建设对于提升整体运营效率至关重要。未来，实体线上平台应进一步加强中台的数字能力建设，以全方位实现数字增效。平台可利用大数据技术辅助中台运营。通过收集

和分析前台产生的交易、评论等数据,中台能够更准确地了解消费者偏好和市场趋势,从而制定出更合理的订货、定价和供应链管理策略。这将有助于减少前台的业务运营负担,提高整体运营效率。平台还可以加强数据存储、计算和产品化应用,随着前台数据的不断增加,中台需要建立更强大的数据存储和计算系统。通过云计算等技术,中台可以对大规模数据进行高效存储和计算,确保数据的安全性和可访问性。同时,中台还需要探索前台数据的产品化应用方向,将数据转化为有价值的信息,为前台提供定制化服务方案,创造更多的商业价值。

2. 积极融入数字产业链,重塑零售生态圈共生关系

在数字化时代,零售行业已经不再是孤立的存在,而是与其他产业紧密相连。因此,实体线上平台需要积极融入数字产业链,与上下游企业及数字平台建立紧密的合作关系,共同打造一个互利共赢的零售生态圈。实体线上平台可以与电商平台、电子支付平台等数字平台开展合作,利用数字平台的流量优势和技术优势,提高品牌知名度和市场竞争力。同时,数字平台也可以通过与实体线上平台的合作,拓展其业务范围和市场份额。实体线上平台还应注重与数字解决方案企业建立合作关系,尤其是与人工智能、物联网等数字解决方案企业建立合作关系。这些企业可以为实体线上平台提供专业化的技术支持和解决方案,帮助其提升数字化水平和服务质量。通过合作,实体线上平台可以更好地满足消费者需求,提升用户体验和忠诚度。

3. 探索以数字赋能商业模式,打造智慧门店和线上平台的协同运营机制

随着消费者需求的不断变化和市场竞争的加剧,实体线上平台需要不断探索新的商业模式以保持竞争优势。以数字赋能商业模式创新将成为未来实体线上平台的重要发展方向之一。实体线上平台应注重打造智慧门店,利用人工智能、物联网等技术对传统门店进行升级改造,赋予其智能化属性。智慧门店可以对消费者的购物行为进行监测和分析,为消费者提供更个性化的购物体验和服务。同时,智慧门店还可以与线上平台实现无缝对接,为消费者提供线上线下一体化的购物服务。除了智慧门店,实体线上平台还需要探索线上平台的新商业模式。例如,可以利用大数据技术对消费者需求进行深度挖掘和分析,推出更符合消费者需求的定制化产品或服

务，利用社交媒体等渠道进行营销推广和品牌建设等。

（五）在线拍卖平台发展策略

在线拍卖平台作为网拍市场的重要组织形式，正逐渐成为商品交易和服务提供的重要渠道。然而，在激烈的市场竞争中，如何保持持续健康发展、提升用户体验、确保交易安全等问题，成为在线拍卖平台亟待解决的关键。从发展趋势上看，完善平台治理机制、创新运营模式与竞价机制、加强多元共治监管有助于在线拍卖平台未来的健康与有序发展。这些策略需要整体谋划与同步推进。

1. 完善平台治理机制，营造公开透明的在线拍卖信用生态

在线拍卖平台作为市场的核心组织者，必须承担起营造公开透明的在线拍卖信用生态的责任。为此，平台需要强化责任意识，提升风险防范能力，并细化对商家入驻的审核标准，充分利用大数据资源或借力第三方中介机构，对申请入驻或注册的用户进行全面客观的信用评估，确保入驻商家的信誉和商品质量。同时，平台还应加强对上拍物品的品质把控，从源头上降低虚假交易、拍假售假等行为发生的可能性。

为了进一步完善信用评价体系，平台需要创新买卖双方的信息反馈模式，通过平台评价系统，让竞拍人能够客观了解卖方的商品质量，让竞拍人与商家彼此多一些了解。双向的信息反馈机制将有助于提高网络拍卖的安全性和可靠性。此外，平台还可以向所有潜在的竞拍人出示本场竞拍人的基本信息，以利于提高参拍人对竞价信息的甄别能力。

在打击网络欺诈行为方面，平台需要创新技术手段，提高对买卖双方交易行为的动态监测能力，坚决打击在线拍卖中的网络欺诈行为。对于发现的违规行为，平台应严肃处理。同时，平台还应加强与政府部门的合作，共同打击网络拍卖中的违法犯罪行为。

2. 以新技术应用赋能在线拍卖高质量发展

技术创新与新技术的应用对于在线拍卖平台未来高质量发展具有至关重要的作用。通过不断提升用户体验、增强交易安全性、优化拍卖流程、拓展拍卖品类和市场规模以及提升平台运营与管理效率等方面的技术创新，可以推动在线拍卖平台实现更好的发展。技术创新可以极大地改善用户体

验,提高在线拍卖平台的便捷性。例如,引入人工智能和机器学习技术,平台可以实现更精准的个性化推荐,帮助用户更快找到他们感兴趣的拍品。同时,利用自然语言处理技术,平台可以提供更智能的客服服务,实时解答用户疑问,提升用户满意度。技术创新在增强交易安全性与透明度方面也发挥着重要作用。利用区块链技术,可以确保交易信息的不可篡改性,提高交易的透明度和可信度。此外,引入先进的支付安全技术和身份验证机制,可以有效防止欺诈行为,保障用户的资金安全。新技术还可以优化拍卖流程,提高交易效率。引入自动化的拍品上传、审核和结算系统,可以大大减少人工操作的时间和成本。同时,利用大数据和云计算技术,可以对拍卖数据进行实时分析和挖掘,为平台运营提供更精准的决策支持。数字技术的迭代有助于在线拍卖平台拓展拍卖品类和市场规模。例如,引入虚拟现实和增强现实技术,可以将艺术品、房地产等实物拍卖拓展到虚拟世界中,吸引更多年轻用户的参与。同时,利用国际化的多语言支持和跨境支付技术,可以打破地域限制,拓展全球市场。智能化技术的应用可以提升在线拍卖平台的运营和管理效率。例如,引入智能化的数据分析工具,可以对平台运营数据进行实时监控和分析,帮助平台及时发现并解决问题。利用自动化的运维工具和云服务平台,可以降低IT成本,提高系统的稳定性和可扩展性。

3. 创新运营模式与竞价机制,引导理性竞价

为了在做大流量的同时引导并培育竞拍人理性竞价,在线拍卖平台需要创新运营模式和竞价机制设计。首先,平台应创新运营模式,提高流量转化率,降低同质化竞争对平台用户的利益损害。平台需要通过创新运营模式,采取差异化的竞争策略,才能获得持久的发展。平台应创新竞价机制设计,引导用户理性出价、有序竞争。当前中国在线拍卖市场还处于发展阶段,买卖双方对拍卖活动的态度将逐渐趋于理性。因此,平台需要在公开升价模式基础上增加代理竞价等选项,发展出以竞拍人认知差异为标准的多层次、多竞价模式的在线拍卖生态。

4. 创新"政府+平台"的多元共治的监管思路

为了弥补政府监管与平台自治相互独立造成的监管缺口与政策留白,未来在线拍卖平台需要创新"政府+平台"的多元共治的监管思路。首先,

探索建立基于数据共享的集成监管模式是关键。这意味着政府与平台之间需要打破数据壁垒,实现数据共享和有效整合各方主体的治理资源。其次,强化平台在网络拍卖合规运行中的"守门人责任"也是重要的一环,这将倒逼平台完善自我监管机制并创新对在线交易行为的监督规则,有助于维护用户权益和市场秩序。

参考文献

[1] 艾媒数据中心.2022年中国社交零售行业市场及消费者研究报告[EB/OL].[2022-04-06][2023-08-01]. https://www.iimedia.cn/c400/84604.html.

[2] 艾媒新零售产业研究中心.2018年中国零售行业深度市场调查及投资决策报告[EB/OL].[2018-12-21][2023-08-01]. https://www.iimedia.cn/c400/63227.html.

[3] 包振山,常玉苗,万良杰.数字经济时代零售商业模式创新:动因、方法与路径[J].中国流通经济,2022,36(07):12-21.

[4] 陈兵.互联网平台经济应实现"强监管"与"促发展"并重[J].国家治理,2021(11):25-29.

[5] 陈芳,李伟婷.平台经济发展、社会阶层认同与非正规就业劳动者就业质量[J].社会科学动态,2023(10):73-81.

[6] 陈洁玲.新零售背景下实体零售数字化转型及业态新探[J].科教文汇(中旬刊),2021(26):191-192.

[7] 陈律.数字经济推动零售业转型升级研究[J].中国市场,2021(36):122-123.

[8] 董璐燕,朱烨丹.数字化转型对零售企业经营绩效的影响——渠道集中度视角[J].商业经济研究,2022(04):26-29.

[9] 范德成,王娅.传统企业数字化转型对其创新的影响研究——以汽车制造企业为例[J].软科学,2022,36(06):63-70.

[10] 高峰.全球艺术品在线交易市场现状及其未来趋势[J].艺术品鉴证(中国艺术金融),2018(8):81-82.

[11] 高会生,王成敏.基于动态能力理论的实体零售企业数字化转型探析[J].商业经济研究,2020(01):79-83.

[12] 耿旭蓉,郝志瑞.零售数字化转型视域下电商直播营销体系架构[J].商业经济研究,2021(13):79-82.

[13] 龚思颖.论沉浸式媒介在数字化零售空间中的应用[J].商业经济研究,2020(22):5-9.

[14] 国家互联网信息办公室.数字中国发展报告(2022年)[R].2023.

[15] 胡润研究院.2022年中全球独角兽榜[R].2022.

[16] 胡晓鹏.马云现象的经济学分析[M].上海:上海社会科学院出版社,2016.

[17] 胡晓鹏,徐群利.大数据驱动与经济发展:理论机制与规制思路[J].学术月刊,2023(6):53-65.

[18] 互联网艺术品电商发展的现状与趋势[EB/OL].[2021-03-25][2023-07-15].https://www.sohu.com/a/457214668_121075832.

[19] 黄立赫.分享理念下平台农业模式、发展障碍及创新研究[J].湖南社会科学,2021(03):105-111.

[20] 黄漫宇,王孝行.零售企业数字化转型对经营效率的影响研究——基于上市企业年报的文本挖掘分析[J].北京工商大学学报(社会科学版),2022,37(01):38-49.

[21] 惠佩瑶.平台有最优规模吗?——基于不同收费结构的视角[J].产经评论,2021,12(02):28-43.

[22] 蒋慧,刘晨希.失位与归正:平台经济中政府干预的边界厘定与制度建构[J].广西社会科学,2022(03):113-123.

[23] 金融界.京东拍卖首次披露《2022年互联网资产处置数据观察》多维解构行业发展趋势[EB/OL].[2023-05-19][2023-07-15].https://www.163.com/dy/article/I54A529O0519QIKK.html.

[24] 赖红波.数字技术赋能与"新零售"的创新机理——以阿里犀牛和拼多多为例[J].中国流通经济,2020,34(12):11-19.

[25] 李保国,王妮.线上零售商非价格异质性对消费行为的影响——基于零售数字化转型背景[J].商业经济研究,2022(08):61-64.

[26] 李海舰,田跃新,李文杰.互联网思维与传统企业再造[J].中国工业经济,2014(10):135-146.

[27] 李红.中美互联网企业商业模式创新比较研究[D].北京:中国科学院,2011.

[28] 李凯,樊明太.我国平台经济反垄断监管的新问题、新特征与路径选择[J].改革,2021(03):56-65.

[29] 李玫昌,贺小刚.数字化跨境电商赋能新零售供应链价值"智慧"升级探究[J].商业经济研究,2020(09):150-153.

[30] 李晓雪,路红艳,林梦.零售业数字化转型机理研究[J].中国流通经济,2020,34(04):32-40.

[31] 李学尧.网络拍卖的法律适用研究:以指导性案例125号为参照[J].中国应用法学,2023(1):136-150.

[32] 李燕珑,于丽君,韦利娟.新零售背景下的社区团购发展现状及问题研究[J].对外经贸,2022(03):71-74.

[33] 李勇坚,夏杰长.数字经济背景下超级平台双轮垄断的潜在风险与防范策略[J].改革,2020(08):58-67.

[34] 梁艳.新零售背景下社区生鲜团购模式浅析——以兴盛优选为例[J].现代营销(下旬刊),2021(01):86-87.

[35] 刘杰.新冠疫情影响下我国实体零售的数字化转型及协同发展[J].商业经济研究,2021(02):25-28.

[36] 刘汕,张凡,惠康欣等.数字平台商业模式创新:综述与展望[J].系统管理学报,2022,31(06):1109-1122.

[37] 刘向东,何明钦,刘雨诗.数字化零售能否提升匹配效率?——基于交易需求异质性的实证研究[J/OL].南开管理评论:1-29[2023-10-16].

[38] 刘玉奇,王强.数字化视角下的数据生产要素与资源配置重构研究——新零售与数字化转型[J].商业经济研究,2019(16):5-7.

[39] 吕美玲,毛文娟.平台生态垄断的规制困境与治理机制研究[J].秘书,2023(05):21-33.

[40] 罗珉,李亮宇.互联网时代的商业模式创新:价值创造视角[J].中国工业经济,2015(01):95-107.

[41] 毛磊,刘美玲,宋金鑫.实体零售企业数字化演进路径研究——基于苏宁与盒马鲜生的双案例研究[J].经济研究导刊,2022(14):18-20.

[42] 彭建真,孙民仕等.2022年中国零售数字化白皮书[R].2022:1-88.

[43] 秦淑娟.新零售背景下实体零售数字化转型研究[J].武汉冶金管理干部学院学报,2021,31(01):8-9+12.

[44] 宋玉霞,辛磊,白玉祥.新零售供应链数字化的过程与机理[J].商业经济研究,2020(14):10-13.

[45] 孙婷婷.社区团购新零售模式发展路径浅谈[J].上海商业,2021(12):13-15.

[46] 唐倩.拍卖行业观察:网络拍卖可能将成为拍卖行业的重要增长点,

法拍房成交量额日益增加[EB/OL].[2022-06-27][2023-07-10].https://www.dongfangqb.com/article/1144.

[47] 唐雪莲.平台经济背景下汽车流通企业全产业链服务模式创新研究[J].商场现代化,2020(15):1-4.

[48] 腾讯营销洞察.2020中国"社交零售"白皮书[EB/OL].[2020-02-16][2023-07-16].https://research.tencent.com/report?id=9d.

[49] 汪旭晖,王东明.平台卖家生成内容对于消费者信任的影响研究——平台企业生成内容的交互效应[J].南开管理评论,2021(04):1-19.

[50] 王蕾.推进我国零售业数字化转型持续高质量发展的对策研究[J].全国流通经济,2022(05):49-51.

[51] 王世胜.零售数字化转型的消费赋能效应及传导机制[J].商业经济研究,2021(06):45-48.

[52] 王昕天,汪向东.社群化、流量分配与电商趋势:对"拼多多"现象的解读[J].中国软科学,2019(07):47-59.

[53] 王勇,刘乐易,迟熙,张玮艺.流量博弈与流量数据的最优定价——基于电子商务平台的视角[J].管理世界,2022,38(08):116-132.

[54] 王月辉,刘爽,唐胜男,吴水龙.B2C社交电商平台顾客在线购物体验质量测量与实证研究[J],北京理工大学学报(社会科学版),2021.

[55] 魏国辰,陈宇恬,王焕焕.基于扎根理论的零售企业数字化转型影响因素[J].商业经济研究,2021(19):41-43.

[56] 吴非,胡慧芷,林慧妍等.企业数字化转型与资本市场表现——来自股票流动性的经验证据[J].管理世界,2021,37(07):130-144+10.

[57] 徐春,王昭,王东.智慧物流颠覆性创新发展的要素组合研究[J].北京交通大学学报(社会科学版),2021,20(01):105-115.

[58] 杨蓓蓓.新零售背景下社区团购的发展探究[J].中国管理信息化,2021,24(08):93-94.

[59] 杨东,王睿.论流量传导行为对数字经济平台市场力量的影响[J].财经法学,2021(04):41-51.

[60] 杨晓燕.内外双循环背景下零售数字化撬动内需扩大机制研究:理论与实证[J].商业经济研究,2021(03):14-17.

[61] 杨永芳,张艳,李胜.新零售背景下实体零售数字化转型及业态创新路径研究[J].商业经济研究,2020(17):33-36.

[62] 亿邦动力研究院.2020中国零售品牌数字化转型白皮书[R].亿邦动力网,2020:1-17.

[63] 殷晖,乔培臻,俞书琪.未来零售:解锁新零售的关键模式[M],杭州:浙江大学出版社,2021.

[64] 殷中军,张爱林.社交电商新零售[M].北京:机械工业出版社,2020.

[65] 余远坤.数字化下零售业的发展路径研究[J].现代商业,2021(03):33-36.

[66] 俞宁,武华君,杨晓光,孙宁.数字经济中的拍卖和匹配机制设计[J].北京交通大学学报(社会科学版),2021,20(04):23-33.

[67] 张超然.数字化赋能新零售商业模式优化研究——以三只松鼠为例[J].商场现代化,2021(21):1-3.

[68] 张鹤,唐天斌.数字化时代新零售企业竞争现状与对策[J].对外经贸,2021(08):117-119.

[69] 张靖好,王子怡,高璐瑶.新零售背景下社区团购模式发展策略探索[J].商讯,2021(18):160-161.

[70] 张明.平台经济背景下智慧物流模式创新研究[J].湖北社会科学,2021(09):67-72.

[71] 张涛,李奥,冯冬发.网络拍卖市场信用生态治理与大数据监管研究[J].学习与探索,2021,312(7):113-184.

[72] 张欣欣.数字化浪潮下我国零售企业变革趋势及框架[J].商业经济研究,2021(23):109-112.

[73] 张予,郭馨梅,王震.数字化背景下我国零售业高质量发展路径研究[J].商业经济研究,2020(04):21-23.

[74] 中国互联网络信息中心.第49次中国互联网络发展状况统计报告[R/OL].[2022-02-25][2023-07-11].http://source.single.busionline.com/第49次中国互联网络发展状况.pdf.

[75] 中国消费者协会.直播电商购物消费者满意度在线调查报告[EB/OL].[2020-03-31][2023-07-11].https://cca.cn/zxsd/detail/29532.html.

[76] 中国信息通信研究院.2021年平台经济与竞争政策观察报告[R].2021.

[77] 中国信息通信研究院.全球数字经济白皮书——疫情冲击下的复

苏新曙光[R]. 2021.

[78] 中国信息通信研究院. 中国数字经济发展报告(2022年)[R]. 2021.

[79] 周清杰, 孙佳敏, 张源. 中美网络拍卖监管与治理比较研究[J]. 市场监管现代化, 2023(7): 71-75.

[80] 周艳菊, 申真, 应仁仁. 免费 VS. 订阅: 考虑广告质量的网络内容盈利模式选择[J]. 中国管理科学, 2021, 29(07): 202-213.

[81] 周毅. 全球平台经济的发展、问题与建议[J]. 发展研究, 2019(10): 4-9.

[82] 周勇, 池丽华, 袁美琴. 新零售从1.0走向3.0[J]. 上海商学院学报, 2022, 23(03): 83-95.

[83] 周子祺. 社区团购发展与零售业发展趋势探析[J]. 商业经济研究, 2022(03): 52-55.

[84] Agrawal, A., J. Gans., and A. Goldfarb. Prediction Machines: The Simple Economics of Artificial Intelligence[M]. Boston: Harvard Business Review Press, 2018.

[85] Allianz. Allianz Risk Barometer 2015: Businesses exposed to increasing number of disruptive scenarios[EB/OL]. [2015-02-14][2023-07-31]. https://commercial.allianz.com/news-and-insights/news/allianz-risk-barometer-2015.html#:~:text=Businesses%20face%20new%20challenges%20from%20a.

[86] Andrew Lipsman. The Future of Retail 2020: 10 Trends that Will Shape the Year Ahead [R]. [2020-05-07][2023-08-01]. https://www.emarketer.com/content/the-future-of-retail-2020.

[87] Armstrong, M. Competition in Two-Sided Markets[J]. The RAND Journal of Economics, 2006, 37(3): 668-691.

[88] Brynjolfsson, E., and K. McElheran. The Rapid Adoption of Data-Driven Decision-Making[J]. American Economic Review[J], 2016, 106(5): 133-139.

[89] Einav, L.. Auctions Versus Posted Price in Online Markets[J]. NBER Working Paper.

[90] Emerging Platform Economy. The Rise of the Platform Enterprise:

A Global Survey[R]. 2017.

[91] McAndrew, C. The Art Markert 2023[R]. 2023.

[92] Rochet, J. C. and Tirole, J. Platform Competition in Two-Sided Markets[J]. Journal of the European Economic Association, 2003, 1(4):990 – 1029.

[93] Simon, H. A. and Newell A. Human Problem Solving: The State of the Theory in 1970[J], American Psychologist, 1971, 26(2):145 – 159.

[94] The Business Research Company. Global Smart Education Market Report 2022—2026[R]. 2022.

[95] Wang J, Zhang W, Yuan S. Display Advertising with Real-Time Bidding(RTB) and Behavioural Targeting[J]. Foundations and Trends in Information Retrieval, 2017(11):4 – 5.

[96] World Economic Forum(WEF). Global Risks 2015; 10th Edition [M]. Geneva: WEF, 2015.

[97] Wu T. Blind Spot: The Attention Economy and The Law[J], Antitrust Law Journal, 2018, 82.

后　记

　　中共二十届三中全会提出："完善高水平对外开放体制机制""开放是中国式现代化的鲜明标识。必须坚持对外开放基本国策，坚持以开放促改革，依托我国超大规模市场优势，在扩大国际合作中提升开放能力，建设更高水平开放型经济新体制"。

　　上海社会科学院世界经济研究所成立于1978年，是全国世界经济领域最重要的研究机构之一。世界经济研究所以世界经济与国际关系两大学科为主轴，将世界经济研究与国际关系研究、世界经济研究与中国对外开放研究相结合，注重研究的综合性、整体性，提高研究成果的理论性、战略性与对策性。在学科建设的基础理论方面和对外开放的战略研究方面形成了一批被同行广泛认可的较有影响的成果。"完善高水平对外开放体制机制"提出以后，上海社会科学院世界经济研究所专门组织各研究室，以室为单位进行集体攻关，经过多次讨论，确定本套丛书每一本书的书名、主题与内容，并组织全所科研人员撰写。整套丛书定名为"高水平对外开放理论与实践研究"丛书。

　　上海社会科学院世界经济研究所一贯坚持"通中达外、治学兴邦"的发展共识和"齐心敬业、求实创新"的价值理念。由上海社会科学院世界经济研究所副所长胡晓鹏研究员组建团队完成的《全球视野下中国平台经济发展报告》（简称《报告》），秉承立足中国实践直面问题的科研态度，全力推动学科发展与智库建设，是将全球化发展经验与中国发展实践相结合的成果之一。

　　《报告》以推动中国平台经济健康发展为目的，通过科学界定平台经济的理论本质，阐释其理论内涵与实践边界，在全面借鉴发达国家发展经验基础上，对中国平台经济发展状况、特点等开展全景式探究，深度研判中国在线电商平台、社交零售平台、实体线上平台和在线拍卖平台的发展特征，提出了促进平台经济发展的思路与建议，以期避免让中国平台经济陷入一场"流量狂欢"的快餐陷阱。

　　《报告》从提纲拟定到任务分工、从分章确定重点到全文统一，均由胡晓鹏研究员领衔组织。研究过程中，《报告》团队成员给予了积极配合，并为此付出了巨大努力。面对不断变化的新形势，团队成员尽管还承担着其他研究任务，但从未停止对数字经济最新发展动态的跟踪，每一次提纲修订乃至内容、细节的变化，大家都积极回应，从未有过丝毫抱怨。正是因为大家共同的努力探索，才有了这份报告的面世。具体章节分工安排如下：

引论　胡晓鹏

第一章　杨文龙

第二章　胡晓鹏

第三章　严婷

第四章　高疆

第五章　邹家阳

第六章　刘子源

第七章　苏宁

值此《报告》付梓之际，我向团队成员表达由衷谢意，正是因为有了你们的努力付出，才让我们共同拥有了这份重要成果。同时要感谢世界经济研究所西方经济学专业博士研究生闫金同学在本书的初步编辑中付出的辛劳，更要对上海社会科学院出版社的编校人员表达诚挚谢意，正是在你们出色的编校和富有建设性意见的启发下，《报告》增色良多。当然，《报告》所提观点文责自负。

胡晓鹏
2023 年 12 月

图书在版编目(CIP)数据

全球视野下中国平台经济发展报告 / 胡晓鹏等著.
上海：上海社会科学院出版社，2024. -- ISBN 978-7
-5520-4540-6
Ⅰ. F124
中国国家版本馆 CIP 数据核字第 2024X3Q919 号

全球视野下中国平台经济发展报告

著　　者：胡晓鹏 等
责任编辑：王　勤
封面设计：朱忠诚
出版发行：上海社会科学院出版社
　　　　　上海顺昌路 622 号　邮编 200025
　　　　　电话总机 021-63315947　销售热线 021-53063735
　　　　　https://cbs.sass.org.cn　E-mail:sassp@sassp.cn
照　　排：南京理工出版信息技术有限公司
印　　刷：上海新文印刷厂有限公司
开　　本：710 毫米×1010 毫米　1/16
印　　张：12
字　　数：202 千
版　　次：2024 年 10 月第 1 版　2024 年 10 月第 1 次印刷

ISBN 978-7-5520-4540-6/F·788　　　　　　　定价：78.00 元

版权所有　翻印必究